W0067024

Birgit Querengäßer, 1982 in Hamburg geboren, studierte an der Axel-Springer-Journalistenschule in Berlin. Als Redakteurin arbeitete sie bis 2009 für das Männermagazin »Maxim«, mit eigener Kolumne. Seit 2009 arbeitet sie als freie Autorin, u. a. für die »FAZ«, »Welt am Sonntag«, »Playboy«. Für die Frauenzeitschrift »Jolie« schreibt sie seit Mai 2010 monatlich eine Kolumne. Birgit Querengäßer lebt in München.

TROPEN
WWW.TROPEN.DE
© 2011 BY J. G. COTTA'SCHE BUCHHANDLUNG
NACHFOLGER GMBH, GEGR. 1659, STUTTGART
ALLE RECHTE VORBEHALTEN
PRINTED IN GERMANY
UMSCHLAG: HERBURG WEILAND, MÜNCHEN
GESTALTUNG UND SATZ: HERBURG WEILAND, MÜNCHEN
GESETZT AUS DER ADOBE CASLON PRO
GEDRUCKT UND GEBUNDEN VON CPI-CLAUSEN & BOSSE, LECK
ISBN 978-3-608-50304-3

ZWEITE AUFLAGE, 2011

DIE FEINE .. ART DES VÖGELNS

VON

BIRGIT QUERENGÄSSER

EIN HANDBUCH FÜR DEN MODERNEN BEISCHLAF

TROPEN

INHALT

UH
UH
UUUUH
UH
UH!

Das war die verkürzte Einleitung für alle Hörbuchkäufer. Nun die komplexere Version für alle, die der Dechiffrierung aneinandergereihter Buchstaben mächtig sind: Dieses Buch beschäftigt sich mit Sexualität. Sollten Sie nichts über Sexualität erfahren wollen oder dürfen, sei es aufgrund Ihres Alters, Ihrer Religion oder weil die Stimmen in Ihrem Kopf es verbieten, lassen Sie das Buch an dieser Stelle unauffällig aus Ihren Händen gleiten und rennen Sie scheinbar grundlos davon. Hegen Sie jedoch größtes Interesse an theoretischen Ausführungen über das rhythmische Aneinanderklatschen zweier Leiber, nehmen Sie doch bitte im Ohrensessel Platz, stellen Sie die »Schietwetter«-Tasse auf den Sekretär und fummeln Sie die Lesebrille aus Ihrem Etui. Denn schon in naher Zukunft wird es hier richtig zur Sache gehen. Und mit »richtig zur Sache gehen« ist Folgendes gemeint: die Analyse des Geschlechtsaktes unter dem Aspekt der gesellschaftlichen Etikette des frühen 21. Jahrhunderts bei größtmöglicher Ausklammerung jeglicher Erotik. Für den durchschnittlichen Bahnhofskiosk-Kunden mag das absurd klingen. Doch dieser Ratgeber soll

weniger den Auslöser für eine Genital-
schwellung darstellen, vielmehr nutzt
er das Zeitfenster geistiger Klarheit
zwischen zwei Erregungszuständen, um
dem vorübergehend aufnahmefähigen
Leser Benimmregeln für den Ernstfall
zu vermitteln. Deren Kenntnis ist für ein
gesellschaftlich akzeptables Sexualleben
unentbehrlich. Durch die Anwesenheit
eines Partners (und in Einzelfällen auch
durch den Vertrieb der Video-Aufzeich-
nung übers Internet) wird Geschlechtsverkehr zum öffentlichen Akt, vergleichbar mit der Einnahme einer Mahlzeit
in einem Restaurant – nur mit dem Unterschied, dass man sich beim Verkehr
zwangsläufig zu nahe tritt. Die gegenwärtig weitverbreitete Besessenheit von
wahllosem Herumgebumse nach Nage-
tierart hat eine Auseinandersetzung mit

einem zeitgemäßen sexuellen Regelwerk
wie diesem bisher verhindert. Doch
langsam dämmert es uns, dass durch den
allzu befreiten Umgang mit Sexualität
eine Verrohung unserer Gesellschaft
stattfindet, die nicht so leicht rückgängig
zu machen ist. Außer natürlich: durch
die Lektüre der folgenden 199 Seiten.
Dazu müssten Sie allerdings jetzt um-
blättern. Hier kommt ja nichts mehr, nur
gähnende Leere. Sehen Sie selbst:

25

WAHRHEITEN

ÜBER

SEX

1

Es gibt drei
verschiedene Stellungen.
Alles andere ist Turnen.

2

Man bekommt nicht
Akne durch zu viel Selbstbefriedigung.
Es verhält sich genau andersherum.

3

Menschen, die schon mal an
Feigwarzen erkrankt sind, benutzen
mit größter Freude Kondome.

4

Zwei Prozent der Menschen,
die in der Notaufnahme
angeben, beim Eindrehen
einer Glühbirne von der Leiter
und direkt auf ihre Einkäufe
gefallen zu sein, so dass eine
Ketchupflasche in ihrem
Hintern gelandet ist,
sagen die Wahrheit.

5

An der Penisgröße
eines Mannes kann
man seine Nasengröße
erkennen.

6

Dum
phikt gut.

7

Es ist möglich, den
eigenen Penis in den
Mund zu nehmen. Aber
den meisten Männern
ist das einfach zu
erbärmlich.

8

Frauen beginnen Sex
erst in ihren Vierzigern so
richtig zu genießen.
Dann, wenn niemand mehr
mit ihnen schlafen will.

9

Frauen gehen am häufigsten
an ihren fruchtbaren Tagen
fremd. Männer auch.

10

28 Prozent der Frauen denken beim Sex an ihre Einkaufsliste. 82 Prozent der Männer denken beim Erstellen der Einkaufsliste an Sex.

12

Je näher Ihnen jemand steht, desto weniger Lust verspüren Sie, mit ihm zu schlafen. Verbringen Sie viel Zeit mit Ihrer Verwandtschaft, und halten Sie Ihren Partner stets auf Distanz.

11

Irgendwann kommt man an den Punkt, an dem man den Push-up-BH ausziehen muss.

13

Die Existenz des G-Punkts ist wissenschaftlich nicht eindeutig bewiesen. Grund: Zwischen den Forschern herrscht ein internationales Abkommen, das die regelmäßige Veröffentlichung widersprüchlicher Thesen vorsieht. Dadurch bleibt das Betasten weiblicher Geschlechtsteile wissenschaftlicher Auftrag.

14

Männer, die unter vorzeitiger Ejakulation leiden, können über eine Stunde lang Sex haben, wenn man sie kurz vor der Umstellung von Winter- auf Sommerzeit verführt.

15

Auch Sex im Alter kann ein Genuss sein. Vorausgesetzt, der Partner ist 30, 40 Jahre jünger und noch schön knackig.

16

Die Klitoris ist über 10 Zentimeter lang! Der Großteil ist jedoch im Inneren des Körpers versteckt. Aus ästhetischen Gründen. Ein über 10 cm langes Geschlechtsorgan, das zwischen den Beinen herumbaumelt – das wäre unvorstellbar abstoßend.

17

*Die drei
unbeliebtesten
Gedanken während der
Selbstbefriedigung:
die 5000 verschiedenen
Bakterien, die man an
den Händen hat,
der Holocaust,
Verkehr mit dem eigenen
Partner.*

18

*90 Prozent der Männer und
86 Prozent der Frauen befriedigen sich laut
einer Umfrage gelegentlich selbst.
Fazit: Zehn Prozent der Männer und
14 Prozent der Frauen lügen in Umfragen
zum Thema Selbstbefriedigung.*

19

*Analfisting wäre
um einiges beliebter,
wenn »Anal« ein anderes
Wort für »Genital«
und »fisting« ein
anderes Wort für
»Stimulation«
wäre.*

21

*Masturbation bei über
70-Jährigen nennt man
auch Omanie.*

20

*Heterosexuelle Frauen
haben im Allgemeinen eine
schwächer ausgeprägte
Libido als heterosexuelle
Männer. Grund: Ihre Partner
sind weniger attraktiv.*

22

*Guter Sex beginnt im Kopf. Sofern er
mit Oralverkehr eingeleitet wird.*

23

*Wer mit einem prachtvollen Geschlechts-
organ ausgestattet ist, ist der König der Pissoirs.
Darüber hinaus hat er im Leben keine
nennenswerten Vorteile.*

24

*Das Risiko fremdzugehen
steigt im dritten Jahr
einer Beziehung rapide an.
Dieser Effekt lässt sich leicht
umgehen, indem man die
Beziehung bereits im zweiten
Jahr beendet und eine
neue beginnt.*

25

*Schlecht im Bett ist immer
der andere.*

DER INTERNETFLIRT

DIE PROSTITUIERTE

DIE FREMDE

DER EX

DER VEREHRER

DER PARTNER

DIE KOLLEGIN

DIE AFFÄRE

DAS SEXTOY

DER BESTE FREUND

DER SCHWULE

EINEN SEXUALPARTNER FINDEN.

WER

KOMMT

INFRAGE

?

·············

HERZLICHEN GLÜCKWUNSCH

············· **!** ·············

Sie haben sich dafür entschieden, Ihre Sexualität auszuleben. Dann sollten Sie sich auf die Suche nach einem Partner machen. Die Auswahl ist ausgesprochen groß, weswegen Sie nicht zum Erstbesten greifen sollten. Denn mit Ihrer Wahl steht und fällt die Qualität des Geschlechtsverkehrs, den Sie zu haben beabsichtigen. Dass Sie, insbesondere nach der Lektüre dieses bescheidenen Werkes, das Einmaleins des Koitus aus dem Effeff beherrschen, versteht sich von selbst. Umso ärgerlicher wäre es, sich einen grobmotorischen Dilettanten ins Bett zu holen. Ein Paarungswilliger wird auf seiner Suche den verschiedensten Charakteren begegnen. Da ist es hilfreich, sie einschätzen und bewerten zu können, schon bevor man sich übereinanderstülpt.

DIE KOLLEGIN

Eindeutig, sie will es. Mit welcher Gier sie Sie vor den anderen entblößt, wenn Sie einen Fehler gemacht haben, die Art, wie sie sich über Ihren Schreibtisch lehnt, um Ihnen die Akten auf den Tisch zu knallen – das macht die doch mit Absicht! Nutzen Sie jede Gelegenheit, die Barrieren der unterkühlten Businesswelt niederzureißen. Dafür, sich in Unterhose mit einer Rose zwischen den Zähnen in ihrem Büro zu drapieren, wird sie Ihnen zumindest Hochachtung zollen müssen. Wer auf Nummer sicher gehen will, nutzt die Mittagspause, besser noch die Weihnachtsfeier für eine subtilere Annäherung. Tipp: Halten Sie für solche Momente immer ein gekühltes Fläschchen bereit. Champagner? Sie wollten doch auf Nummer sicher gehen. Halten Sie sich an Doppelkorn.

BIOTOP:	*Das Büro.*
PRO:	*Sie haben viel Zeit, Gelegenheiten und zu Hause immer eine Ausrede.*
CONTRA:	*Sie riskieren Unannehmlichkeiten bis hin zur Kündigung.*
WAS SIE SAGT:	*»Bearbeiten Sie diese Unterlagen bis Montag früh.«*
WAS SIE MEINT:	*»Bearbeiten Sie meinen Intimbereich bis Montag früh!«*

DER INTERNETFLIRT

Das Internet gilt als Tummelplatz für die Wahnsinnigen dieser Welt. Doch ein flüchtiger Blick ins Geschichtsbuch genügt, um zu erkennen: Die wirklich Wahnsinnigen hatten überhaupt kein Internet. Es kann sich demnach frohen Mutes eingeloggt werden, in die Datenautobahn der Liebe. Denn der Hauptgrund, aus dem sich der Großteil der Menschen so einen Anschluss überhaupt besorgt, ist die Kontaktaufnahme zu potenziellen Sexualpartnern. Wahnsinn wäre es wohl, sich diese Möglichkeit durch die Lappen gehen zu lassen. Ein erstes Treffen in persona sollte jedoch vorsichtshalber immer an einem Ort mit Notausgang stattfinden. Selbst wenn Ihr Date kein irrer Massenmörder ist, könnte sein Profilbild immer noch im Thailandurlaub 1997 entstanden sein.

BIOTOP: *Online-Datingbörsen und Social Networks.*

PRO: *Unkompliziert.*

CONTRA: *Geringe Überschneidungen zwischen Selbstdarstellung im Internet und tatsächlicher Persönlichkeit.*

WAS ER SAGT: *»hey schöne frau, hammer pic!!!1 ich hab grade dein profil gesehn und dachte, ich schreob dir mal. sehr sympaticsh, was du so schreibst! *g* wenn du Lust hats, können wir ja mal nen café trinken gehen! wuerd mich freun wenn du meldest! LG, stefan«*

WAS ER MEINT: *»Bumsen?«*

DIE FREMDE

Die Welt ist voll von ihnen: vollbusigen Frauen in Blumenkleidern mit rotem Lippenstift und geheimnisvollem Blick. Was wohl ihr Geheimnis ist? Dass sie keinen Schlüpfer trägt? Dass sie einst mit bloßen Händen ein Rehkitz tötete? Es gibt nur einen Weg, das herauszufinden: sie anzusprechen. Worauf sie in den meisten Fällen unwirsch reagiert, da Sie nicht der erste Trottel sind, der ihr heute auf die Nerven geht. Sie weiß, dass sie fantastisch aussieht, und sofern Sie Ihr optisches Defizit nicht damit kompensieren, ein weltberühmter Schriftsteller/Schauspieler/Modezar zu sein, können Sie kein Entgegenkommen erwarten.

BIOTOP: *Da draußen.*

PRO: *Aufregend, weil fremd und überdurchschnittlich attraktiv.*

CONTRA:	*Ablehnend, weil fremd und überdurchschnittlich attraktiv.*
WAS SIE SAGT:	*»Verpissen Sie sich, Sie armer Irrer.«*
WAS SIE MEINT:	*»Warum ist eine wundervolle Person wie ich nur so bemitleidenswert einsam?«*

DER PARTNER

Anfangs bezieht man seinen Partner ganz selbstverständlich in sein Sexualleben mit ein. Einige Jahre später macht man sich schon mit dem Gedanken an unbekleidete Interaktion nur noch lächerlich. Gleichwohl kann man, den Partner als eine Art sexuelles Nutztier betrachtend, hin und wieder eine Ausnahme machen. Unattraktiv ist er, mit etwas Abstand betrachtet, schließlich nicht. Sein unschlagbarer Vorteil gegenüber anderen: Er ist da. Unter anderem dazu, Ihnen in Notsituationen Erleichterung zu verschaffen. Nicht so schüchtern: Nehmen Sie seine Dienste ruhig hin und wieder in Anspruch!

BIOTOP:	*Ihre Wohnung.*
PRO:	*Ständige Verfügbarkeit.*
CONTRA:	*Langeweile und ein diffuses Gefühl von Inzest.*
WAS ER SAGT:	*»Ich will schlafen.«*
WAS ER MEINT:	*»Nicht mit dir.«*

DIE AFFÄRE

Es passiert selten genug, dass man eine Frau findet, die ausschließlich an Sex interessiert ist. Aber Sie haben es geschafft. Nun gut. Sie hat ein paar Rundungen, für die Ihre Freunde Sie verspotten würden. Dafür hat sie jedoch nur sehr leichten Mundgeruch! Was sie tagsüber macht, wissen Sie nicht, nur dass sie in diesem Verschlag neben einem stillgelegten Güterbahnhof lebt, zusammen mit ihren 21 Katzen und der Porzellantiersammlung. Aber Sie teilen auch Interessen, zum Beispiel das an animalischem, unverbindlichem Sex oder daran, dass sie unter der Woche Ihre Wäsche reinigt und mangelt sowie kleinere Botengänge erledigt.

BIOTOP:	*Einzimmerwohnungen, Verstecke und Verschläge, Höhlen.*
PRO:	*Unkompliziert.*
CONTRA:	*Unheimlich.*
WAS SIE SAGT:	*»Meld dich doch einfach, wenn du wieder Lust hast!«*
WAS SIE MEINT:	*»Eine Frau muss einem Mann seine sexuellen Wünsche erfüllen und ihm seine Freiheit lassen. Dann wird er sich eines Tages entschließen, für immer zu bleiben. Natürlich nur, wenn man ihm einen Altar im Schrank gebaut hat, so wie ich.«*

DER BESTE FREUND

Eine Freundschaft zwischen Mann und Frau entsteht dann, wenn einer an Sex interessiert und der andere desinteressiert ist und der Interessierte so höflich ist, seine lästigen Gefühle zum Wohle aller innerlich zu absorbieren. Da dies jedoch technisch unmöglich ist, braucht der Desinteressierte im Regelfall nur mit dem Finger zu schnippen, und der Interessierte rekelt sich im Handumdrehen nackt auf einem Eisbärenfell. Das Prinzip ähnelt jenem des Verehrers (s. u.). Sollten Sie der desinteressierte Part sein, haben Sie also einen allzeit bereiten Sexualpartner an Ihrer Seite. Als interessierter Part: Solange hier keiner mit dem Finger schnippt, bleiben Sie auf Stand-by.

BIOTOP:	*In Ihrem Dunstkreis.*
PRO:	*Sympathisch und abrufbereit.*
CONTRA:	*Eigentlich haben Sie kein Interesse. Und in ihm tickt eine Zeitbombe: Zuneigung.*
WAS ER SAGT:	*»Du kannst mit mir über alles reden.«*

WAS ER MEINT: *»Es sei dir ausdrücklich gestattet, mich untenrum zu berühren.«*

DER EX

Dieser Mann hat sich zumindest in der Vergangenheit als fortpflanzungsberechtigt erwiesen. Möglicherweise hätten Sie noch ein wenig mehr Zeit miteinander verbracht, hätte er sich nicht so schnell als gefühlskaltes Arschloch entpuppt. Als solches sollten Sie ihn auch weiterhin betrachten, denn mit ihm befinden Sie sich in einem Wettbewerb: Wer zuerst wieder Gefühle für den anderen entwickelt, hat verloren.

BIOTOP: *Pendelt zwischen seiner Wohnung, fremden Betten und seiner Stammkneipe.*

PRO: *Er kennt Ihren Körper und weiß ihn fachgerecht zu bedienen.*

CONTRA: *Alte Gefühle müssen gewaltsam unterdrückt werden.*

WAS ER SAGT: *»Am Sex hat's schließlich nicht gelegen!«*

WAS ER MEINT: *»Wenn ich das gewusst hätte, hätte ich schon viel früher Schluss gemacht!«*

DER VEREHRER

Hätten Sie ihn nicht erzogen, würde er Ihnen ununterbrochen im Schritt herumschnüffeln, während er seinen an Ihrem Oberschenkel reibt. Er liebt Sie. Weil er gelernt hat zu gehorchen, unterdrückt er seine Gefühle in Ihrer geschätzten Gegenwart. Dass er diese immer wieder wählt, ist nicht zuletzt dem perfiden Spiel geschuldet, das Sie mit ihm treiben. Denn dafür, dass er neulich Ihre Regale aufgebaut hat, haben Sie ihm zum Abschied Ihre Brüste an den Körper gepresst, nicht wahr? Auch wenn er für eine Frau Ihres Formats einfach indiskutabel ist – seine grenzenlose Bewunderung gibt Ihnen die Kraft, nicht an der Ablehnung der Männer zu zerbrechen, für die Sie indiskutabel sind.

BIOTOP:	*Da, wo Sie ihn hinbestellen.*
PRO:	*Hilfsbereit, geizt nicht mit Komplimenten, tut alles, was Sie verlangen.*
CONTRA:	*Uninteressant bis abstoßend.*
WAS ER SAGT:	*»Ich helfe dir!«*
WAS ER MEINT:	*»Ich will die Luft einatmen, die du ausgeatmet hast!«*

DER SCHWULE

Wenn Sie bereits schwul sind, können Sie diesen Absatz überspringen. Die übrigen folgen bitte jenem Gedankengang: Sie lieben Ihren eigenen Penis. Warum also nicht mal einen anderen tätscheln? Mal ehrlich: Ist Ihre Homophobie nicht nur aufgesetztes Gehabe, um nicht von den cooleren Jungs in der Kneipe verstoßen zu werden? Im alten Griechenland gehörte schwuler Sex dazu wie Krieg und hemmungslose Saufabende – und das sind schließlich auch Dinge, die Ihnen gefallen. Schwule sind gepflegt, attraktiv, lieben Mode, Tanz und Madonna. Der einzige Unterschied zu Frauen ist also, dass sie mit Ihnen ins Bett wollen. Folgen Sie dem Regenbogen!

BIOTOP:	*Köln.*
PRO:	*Sexuell offen und willig.*
CONTRA:	*Behaarter, als Ihnen lieb ist.*
WAS ER SAGT:	*»Na, du Schnucki, du bist ja zum Anbeißen!«*
WAS ER MEINT:	*»Mein erstes Mal war auch kein Zuckerschlecken.«*

DAS SEXTOY

Die niederste Form von Sexualität wird mit einem Stück Plastik vollzogen – Sextoys sind kulturübergreifende Symbole Ihres Scheiterns, jemanden mit Puls von sich überzeugen zu können. Sollten Sie einmal in die Lage kommen, sich selbst mit einem leblosen Gegenstand zwischen den Beinen zu erwischen, wissen Sie, dass Sie in der untersten Kaste der sexuellen Wesen angekommen sind. Das muss den Spaß, den Sie dabei haben, keineswegs mindern.

BIOTOP:	*Sexshops und unterste Schubladen.*
PRO:	*Stets zu Diensten.*
CONTRA:	*Beweis für das soziale Scheitern seines Benutzers.*
WAS ES SAGT:	*Jedenfalls nicht »Nein«.*
WAS ES MEINT:	*»Ganz ehrlich? Mir wär's peinlich.«*

DIE PROSTITUIERTE

Der Profi unter den Sexualpartnerinnen. Ihr Aussehen ist makellos. Sie trägt die verdorbenste Wäsche. Sie fühlt sich fantastisch an. Sie weiß, was Sie wollen. Jeder Handgriff sitzt. Und sie schwört Stein und Bein, dass Sie den gigantischsten Penis haben, den sie je gesehen hat. Sie wäre die perfekte Frau, wenn man ihr irgendwie die Dollarzeichen aus den Augen retuschieren könnte. Und sie ausschließlich mit Ihnen schlafen würde. Also: wenn sie keine Hure wäre.

BIOTOP:	*Bordell, Strich.*
PRO:	*Professionell und serviceorientiert.*
CONTRA:	*Teuer. Und möglicherweise klebt an ihr noch der Schweiß eines anderen.*
WAS SIE SAGT:	*»Wie war dein Tag?«*
WAS SIE MEINT:	*»Dolla dolla bill ya'll!«*

?!

MÖGLICHKEITEN

D E R

KONTAKTAUFNAHME:

ANMACHTECHNIKEN UND IHRE ANWENDUNG

Um mit einer Person geschlechtlich intim zu werden, ist eine erste Kontaktaufnahme unerlässlich. Unsere Urahnen hatten es einfacher: Dadurch, dass sie sich auf allen vieren vorwärtsbewegten und keine störenden Kleidungsstücke am Leib trugen, konnten paarungsbereite Männchen kommentarlos andocken. Die Zeiten änderten sich, als der Mensch auf die Idee kam, sich aufzurichten. Die Weibchen mussten umständlich Brüste und roten Lippenstift entwickeln lassen, damit Pobacken und Schamlippen auch im Gespräch von Angesicht zu Angesicht nicht in Vergessenheit gerieten. Manche Männer haben sich jedoch bis heute nicht angepasst. Sie versuchen es immer noch mit der archaischen Methode – und werden von Herden aus Frauenrechtlerinnen unter großem Gezeter verscheucht. Im Folgenden werden gesellschaftlich akzeptiertere Techniken der Kontaktaufnahme aufgeführt und für Sie bewertet.

M
E
T
H
O
D
E

DRINKS AUSGEBEN

Funktionsweise: Durch das Bereitstellen eines Getränks wird dem Flirtpartner suggeriert, er habe es mit einem vermögenden Pimp aus gutem Hause zu tun, so dass eine Abfuhr allein aus finanzieller Sicht töricht wäre. Nicht nur wirken Sie wohlhabend, auch sind Sie offenbar bereit, etwas von Ihrem unermesslichen Reichtum in Spirituosen für Ihr Objekt der Begierde zu investieren. Der Alkoholgehalt der Getränke selbst lässt Sie zusätzlich in einem noch gleißenderen Licht erstrahlen – eine Win-win-Situation wie aus dem Lehrbuch.

IDEAL FÜR ... *Menschen, die ihrem Flirtpartner finanziell überlegen, aber optisch unterlegen sind.*

WORST CASE: *Das Objekt ergötzt sich an den Gratisgetränken, jedoch nicht an Ihnen.*

M
E
T
H
O
D
E

VON HINTEN RANTANZEN

Funktionsweise: Ein Relikt aus eingangs beschriebenen vergangenen Zeiten, in denen sich Beischlaf noch durch schlichtes Andocken an den weiblichen Körper ereignete. Geradezu eine symbolische Verherrlichung des Steinzeitrituals, möglicherweise aber auch ein ernsthafter Versuch, sich durch den Jeansstoff zu bohren. Auf das Gefühl, das erigierte Glied eines Mannes an sich zu spüren, den man noch nicht einmal gesehen hat, reagieren Frauen mit einer Variation von Handgreiflichkeiten. Grundsätzlich gilt jedoch: Je attraktiver Ihr Erscheinungsbild, je freundlicher Ihr Lächeln und je mächtiger sich Ihr Penis anfühlt, desto ungeschorener kommen Sie davon. Möglich, dass Sie gerade mit Ihrer animalischen Art einen bleibenden Eindruck hinterlassen. Zuzutrauen wär's Ihnen.

IDEAL FÜR … *Männer mit wenig ausgeprägten verbalen Fähigkeiten, dafür umso stärker ausgeprägten genitalen Fähigkeiten.*

WORST CASE: *Die Dame, die Sie von hinten angetanzt haben, entpuppt sich als Crossdresser. Oder: Der angetanzte Crossdresser entpuppt sich als Dame.*

METHODE

3

SPRÜCHE

Funktionsweise: Sie überraschen Ihren Flirtpartner damit, dass Sie etwas vollkommen Überraschendes sagen. »Guten Tag, ich empfinde Sie als äußerst attraktiv und interessant. Ich würde gern ein Gespräch mit Ihnen beginnen, um mehr über Sie zu erfahren. Wäre es Ihnen recht, wenn ich mich zu Ihnen setzen würde?« Diesen Käse hat jeder von uns schon tausendmal gehört. Recherchieren Sie, bevor Sie sich auf den Weg ins Tanzlokal machen! Im Internet gibt es eine beachtliche Auswahl an Anmachsprüchen, die Ihnen die stundenlange Grübelei über den ersten Satz ersparen können. Aber: Je bekannter ein Spruch, desto größer die Wahrscheinlichkeit, dass Ihr Zielobjekt unbeeindruckt von Ihren Avancen von dannen zieht. Suchen Sie sich einen Satz aus, der Ihnen gefällt und individualisieren Sie ihn. Aus »Wenn du eine Träne wärst, würde ich nie wieder weinen, aus Angst dich zu verlieren« wird auf diese Weise ein ganz persönlicher Satz wie »Wenn Sie Hack wären, würde ich nie wieder Hack essen, aus Angst, Sie zu verdauen«. Lassen Sie Ihrer Kreativität freien Lauf. Auch ein Satz wie »Ihr Vater muss ein Dieb sein« weckt sofort die Aufmerksamkeit des Gesprächspartners. Er löst Erschrecken und Entsetzen aus. »Mein Vater? Ein Dieb?«, ruft die Verbrecherbrut. Antworten Sie »Ja, ein Dieb, ganz genau« und gehen Sie Ihres Weges. So schnell wird der- oder diejenige Sie jedenfalls nicht vergessen.

IDEAL FÜR ... *kreative Sprachgenies mit Talent für Pointen, die im Mittelpunkt jeder Party stehen. Mit anderen Worten: Sie.*

WORST CASE: *Der Vater dieser Person ist wirklich ein Dieb und hat seinen Nachwuchs gut ausgebildet. Ihre Brieftasche ist verschwunden.*

M
E
T
H
O
D
E

EIN VERSEHEN VORTÄUSCHEN

Funktionsweise: Mit Getränken in der Hand zu stolpern ist ärgerlich und schade um die wertvollen Flüssigkeiten. Es sei denn, in Ihrer Fluglinie steht eine attraktive Person, die Sie mit Zärtlichkeit und Geborgenheit überschütten möchten. Erst einmal überschütten Sie sie jedoch von oben bis unten mit dem Gebräu in der Karaffe. Die Reaktion wird heftig ausfallen – und zwar nicht im positiven Sinne! Doch wenn Sie nach der ersten Aufregung langsam dazu übergehen, der Person das Hemd aufzuknöpfen, wird schnell klar, was Ihre wahre Intention war. Und der Groll löst sich in Wohlgefallen und Stimulation der Fortpflanzungsorgane auf.

IDEAL FÜR ... *Kellner.*

WORST CASE: *Die Pulle aus Versehen über dem Bodybuilder neben Ihrem eigentlichen Objekt der Begierde auszuleeren, führt möglicherweise nicht zum Sex, sondern bloß zu einer gesalzenen Rechnung aus der Wäscherei!*

M
E
T
H
O
D
E

ANSCHREIBEN

<u>Funktionsweise:</u> Persönliche Gespräche machen heutzutage nur noch einen Bruchteil der Kommunikation aus. Der moderne Mensch verliebt sich aufgrund willkürlich zusammengestellter Zeichenkombinationen eines digitalen Avatars, hinter dem er eine bestimmte Person vermutet, für deren Existenz er nur unzureichende Beweise hat. Genauso gut könnte sich hinter dem ehemaligen Klassenkameraden ein clever programmierter Chatbot verbergen, der wiederum hinter Ihrem Profil einen attraktiven Chatbot vermutet. Wer trotz dieses Risikos daran interessiert ist, andere mittels moderner Kommunikationsmittel ins Bett zu lotsen, sollte möglichst viele Fremde mit Mails bombardieren. Was Sie schreiben, ist im Grunde gleichgültig, entscheidend ist, an wie viele Leute Sie es schicken – und mit welchem Foto im Anhang. Die Erfahrung zeigt: Irgendeine Person auf diesem Erdenrund kann sich für jede Visage begeistern.

IDEAL FÜR ... *Menschen, die sich gut mit Bildbearbeitungssoftware auskennen.*

WORST CASE: *Sie geraten an einen Menschen, der sich gut mit Bildbearbeitungssoftware auskennt.*

DIE

KUNST

DER

VERFÜHRUNG

Die Geschichte unseres Sexualtriebs ist eine Geschichte voller Ablehnung. Evolutionsbedingt wollen wir uns mit Menschen paaren, die eine deutliche Verbesserung für unsere Nachkommen bedeuten. Daher suchen wir nach Partnern, die schöner, intelligenter, witziger und erfolgreicher sind als wir selbst. Das kann schon für einen mäßig kultivierten Menschen ein Problem darstellen. Denn wenn eine solche Person plötzlich vor einem steht, wendet sie sich ab – auch sie ist ja auf der Suche nach jemand Besserem. Nach diesem Prinzip wäre die Erhaltung der Spezies Mensch wahrscheinlich gescheitert. Daher hat die Natur ein Verfahren entwickelt, mit dem ein zunächst widerspenstiges Gegenüber rasch zum gierigen Sexualbiest transformiert werden kann: Verführung. Die gängigsten Techniken im Überblick.

BLICKE

Ein Blick sagt mehr als tausend Worte, sagt man. Rätselhaft bleibt, warum dann nicht auch dieses ermüdend lange Sprichwort einfach mit einem Blick ausgedrückt wurde. Vermutlich, weil Blicke in Wahrheit ein äußerst primitives Kommunikationsmittel sind. Komplizierte Sachverhalte, wie den Urknall oder Dezimalrechnung, kapieren Augen überhaupt nicht, geschweige denn können sie sie kommunizieren! Für Themenbereiche auf niedrigem intellektuellem Niveau eignen sich Blicke hingegen gut. Die einfache Technik des Hin-und-wieder-Wegsehens kann einem Gegenüber beispielsweise signalisieren: »*Wenn Sie einverstanden wären, könnten wir jetzt gerne bumsen gehen.*« Mit minutenlangem Starren drückt der Absender dagegen aus: »*Wir zwei gehen bumsen, Einverständnis hin oder her.*« Schon beginnt ein prickelnder Flirt.

KÖRPERKONTAKT

Unter 50 cm Abstand dringt ein Mensch in die sogenannte intime Zone eines anderen ein. Wenn Sie vorhaben, in noch viel intimere Zonen einzudringen, sollten Sie diese Hürde also so bald wie möglich überwinden. Aber Vorsicht: Unter der Haut Ihres Gegenübers befinden sich sensible Druckrezeptoren, die der Person ermöglichen, Ihre Berührungen wahrzunehmen. Um niemanden zu verschrecken, sollten Sie also behutsam vorgehen. Streichen Sie dem anderen höchstens flüchtig mit dem Ellenbogen über den Nasenrücken, oder lassen Sie Ihre Finger wie zufällig seine Geschlechtsteile umspielen. Zuckt die Person zurück, bedeutet das, dass sie in der Vergangenheit schlechte Erfahrungen mit Berührungen gemacht hat und handscheu geworden ist. Zeigen Sie ihr, dass Ihre Berührungen sich gravierend von den Schlägen ihres alkoholabhängigen Expartners unterscheiden. Notfalls mit Gewalt.

TANZ

....

Nichts stimmt den Menschen besser auf rhythmische Stoßbewegungen ein als rhythmische Stoßbewegungen. Deswegen ist Tanz seit jeher ein beliebtes Verführungsinstrument. Jeder Tanz steht in unserer Kultur für eine ganz bestimmte Praktik. Hier einige Beispiele.

.... *Tango* ....

BEWEGUNGS-ABLAUF:	*Mann und Frau schreiten wiegend über das Parkett, wickeln ihre Beine umeinander und gucken demonstrativ aneinander vorbei.*
KULTURELLE BEDEUTUNG:	*Das Paar tritt als solches auf, macht jedoch gleichzeitig deutlich, wie sehr sich die Partner gegenseitig ankotzen. Die Aussage ist eindeutig: »Wir sind scharf, aber hassen uns. Interesse an Partnertausch?« Der Tango stellt einen gemeinschaftlichen Werbungstanz um andere Swinger dar. Swing als Tanz hat übrigens eine völlig andere Bedeutung. Tanzen Sie ihn unter keinen Umständen.*

Ententanz

BEWEGUNGS-ABLAUF: *Arme anwinkeln, mit den Händen Schnäbel imitieren. Dann die Ellenbogen auf und ab bewegen. In die Knie gehen. In die Hände klatschen.*

KULTURELLE BEDEUTUNG: *Erpel gelten im Tierreich als äußerst aggressive Sexualpartner, die weibliche Enten jagen und zum Koitus zwingen. Der Ententanz verharmlost diesen Umstand traditionell, und wirbt auf gesellschaftlich akzeptierte Weise um Partner, die an brutalen Vergewaltigungsrollenspielen interessiert sind.*

Polonaise

BEWEGUNGS-ABLAUF: *Mehrere Tänzer stellen sich in einer Reihe hintereinander auf, fassen sich bei den Schultern und gehen rhythmischen Schrittes durch grotesk dekorierte Veranstaltungsräume. Jeder ist eingeladen sich anzuschließen.*

KULTURELLE BEDEUTUNG: *Auch für den Laien leicht zu erkennen, handelt es sich hierbei um den internationalen Symboltanz für eine Orgie mit offener Teilnehmerzahl. Doch während in der Tanzversion auch Frauen eingeladen sind, handelt es sich im Original um eine Kette, an die sich nur Teilnehmer mit einem Penis anschließen können. Auf den jeweiligen Vordermann bezieht sich das »Po-Lo« in der Naise.*

Perreo

BEWEGUNGS-ABLAUF: *Die Frau beugt sich nach vorn, während ihr Tanzpartner rhythmisch mit seinem Becken an ihr Gesäß stößt, oder der Mann liegt auf dem Boden, während die Frau, auf seinem Schoß sitzend, die Hüften kreisen lässt.*

KULTURELLE BEDEUTUNG: *Mit Kultur haben diese eindeutig sexuellen Bewegungen nicht das Geringste zu tun. Perreo-Tänzer waren ursprünglich Sozialarbeiter, die auf Veranstaltungen im karibischen Raum für Safer Sex warben. Das Überziehen des imaginären Kondoms geht in der Gesamtperformance jedoch häufig unter.*

STRIPTEASE

Darunter verstehen Kenner die Kunst des erotischen Entkleidens. Anstatt sich binnen Sekundenbruchteilen alle Klamotten vom Leib zu reißen, um möglichst schnell zur Sache zu kommen, haben Stripperinnen und Stripper die Methode des schmerzhaft in die Länge gezogenen Nacktwerdens perfektioniert. Bei professionellen Striptease-Tänzern fällt das Zur-Sache-Kommen gänzlich weg, stattdessen wird Geld für die Darbietung verlangt. Trotz dieser offensichtlichen Win-lose-Situation erfreuen sich Strip-Lokale seit Jahrzehnten ungebrochener Beliebtheit. Grund genug, das Prinzip im privaten Rahmen nachzuahmen.

WAS SIE BRAUCHEN: *Einen perfekten Körper, wahlweise auch einen perfekten Dimmer*
Ein Gefühl für Rhythmus
Störende Kleidung, derer Sie sich nach und nach entledigen
Einen Zuschauer (u. U. gefesselt)
Musik
GEEIGNET: *Joe Cocker – You Can Leave Your Hat On, Tito & Tarantula – After Dark.*
WENIGER GEEIGNET: *20 Fingers – Short Dick Man, Housemaid feat. Kim – Fish.*

DROGEN

Gesellschaftlich verpönt, doch die effektivste Methode der Verführung: jemandem das Bewusstsein zu nehmen. Oder es zumindest dahingehend zu optimieren, dass sich ein rigoroses »Nein« in, na, so eine Art Zustimmung verwandelt. Die einfachste Variante, zumindest was die Beschaffung angeht, wird mit Alkohol durchgeführt. Wein, Sekt, Champagner, Bier, Schnaps, Cocktails, Likör, Nagellackentferner – ordern, regelmäßig nachschenken, fertig ist der hemmungslose Sexualpartner. Leider mit Erektionsproblemen. Schwieriger zu beschaffen, aber zuverlässiger, was die Steigerung der sexuellen Lust angeht, sind beispielsweise Cannabis, Crystal, Ecstasy, Kokain, Poppers, Special K oder Speed. Wer auf keiner dieser Drogen das Bedürfnis verspürt, sich körperlich mit egal wem zu vereinigen, muss bereits tot sein. Gar nicht so unwahrscheinlich, bei dem Drogenkonsum.

KOMPLIMENTE

Komplimente sind eine willkommene Abkürzung auf dem langen, beschwerlichen Weg zum Geschlechtsverkehr. Ein nettes Wort hier, eine schmeichelhafte Phrase dort, und wenig später schieben sich alle die Hosen in die Kniekehlen. Doch die Kunst des Komplimentemachens ist nicht jedem in die Wiege gelegt.

Daher hier die wichtigsten Regeln:

Zeigen Sie Interesse, indem Sie Ihre Begleitung beim Namen nennen. Nach Möglichkeit bei ihrem. Fragen Sie danach, wenn Sie unsicher sind. Wenn Sie zu unsicher sind, um zu fragen, wühlen Sie in ihrem Portemonnaie nach Kreditkarten. Sie finden keine? Dann dürfte der Name ja wohl sowieso nicht mehr von Interesse sein.

Übertreiben Sie. Kommentieren Sie die ausdruckslosen Augen ihrer Begleitung etwa mit einem: »*Ich sah die Sonne am Kap von Korsika untergehen; ich reiste zu den Wasserfällen von Iguaçu; ich sah in die Schaufenster von Swarovski und besuchte die Siemens-Werke in München. Nichts sah ich auf unserem Erdenrund, das so strahlt und funkelt wie Ihre azurblauen Augen, Erna!*«

Komplimenteprofis finden in jedem Attribut etwas Schönes, das es sich zu loben lohnt. Beispiel: »*Ihr Beinhaar ist so zart. Ist das Mohair?*« *oder* »*Fußpilz? Na, in Ihrem Fall wohl eher Fußtrüffel!*«

Erwecken Sie den Eindruck, Ihr Kompliment zum ersten Mal zu machen. Machen Sie an einer beliebigen Stelle im Satz eine Pause und gucken Sie, als würden Sie nach den richtigen Worten suchen. Das verleiht Ihnen die Aura eines Denkers. Doch warten Sie nicht zu lange, denn das verleiht Ihnen die Aura eines Zauderers. Nicht zu verwechseln mit der Aura eines Zauberers, die, sofern erwünscht, leicht mit Zylinder und Zauberstab aus dem Kostümhandel erzeugt werden kann.

Flirtratgeber empfehlen, möglichst raffinierte, kreative, auf die individuelle Schönheit zugeschnittene Komplimente zu machen. Doch nicht jeder hat Zeit und Lust, sekundenlang über Formulierungen zu brüten. Der folgende Komplimentegenerator hilft Ihnen, die richtigen Worte zu finden. Wählen Sie einfach ein Adjektiv und einen Körperteil aus, schon entsteht ein individuelles Kompliment.

Der Komplimentegenerator:

 »Sie haben
(ein/e/einen) ...«

ATTRIBUT:

angenehm, ansehnlich,
aphrodisierend,
ästhetisch, attraktiv,
außergewöhnlich,
beeindruckend,
begehrenswert,
beispiellos, bessere(n) ...
als mein(e) Ex,
charmant,
das Universum aus
den Angeln hebend,
erotisch, erstaunlich,
exorbitant, fantastisch,
faszinierend, gigantisch,
großartig, herrlich,
hinreißend, hübsch, irre,
liebreizend, makellos,
nicht zu verachtend,
niedlich, prächtig,
reizvoll, sympathisch,
unwiderstehlich,
verlockend, wundervoll

**P
L
U
S**

KÖRPERTEIL:

Arm, Auge,
Augenbraue, Bauch,
Bein, Brust,
Daumen, Ellenbogen,
Faust, Finger,
Fuß, Gesäß,
Haare, Hals,
Hand, Hüfte,
Intimbereich,
Kinn, Knie, Kopf,
Lippe, Mund,
Nase, Nasenloch,
Oberarm,
Oberschenkel,
Ohr, Rücken,
Rumpf, Sack, Schulter,
Stirn, Taille,
Unterarm,
Wade, Wange,
Wimper, Wirbelsäule,
Zahn, Zahnfleisch,
Zeh, Zunge,
Zwölffingerdarm

MASSAGE

Die Massage ist eines der ältesten Heilmittel der Menschheit. Sie wird eingesetzt, um die Durchblutung zu fördern, Spannungen zu lösen, Schmerzen zu lindern und um jemanden unter dem Deckmantel der Heilkunst angrapschen zu können. Massagen gehören zu den wenigen Verführungstechniken, die gerade in Stresssituationen besonders effektiv sind – im Büro, an der Supermarktkasse, während Naturkatastrophen. Ein verzweifeltes Seufzen, ein Gesichtsausdruck der Unzufriedenheit oder kontinuierliches Gejammer und Geschrei: Es gibt viele Ausdrucksformen, die Menschen wählen, um andere dazu aufzufordern, sie zu massieren. Sie müssen nur im richtigen Moment zuschnappen. Dann stehen Sie nicht nur als Wohltäter da, sondern auch als zukünftiger Sexualpartner. Denn ein Mensch, der Ihnen gestattet, ihm seinen Nacken durchzukneten, versichert Ihnen nonverbal: »Bitte, greifen Sie zu – mein Körper ist Ihr Körper.« Ihre Aufgabe besteht lediglich darin, Ihre Hände auf den verspannten Körperteil zu legen und Ihre Finger rhythmisch in das Fleisch Ihrer Zielperson zu bohren. Beugen Sie sich nah an ihr Ohr und schnaufen Sie verführerische Sätze hinein wie »Sie haben ein bezauberndes Genick.« Währenddessen pressen Sie unauffällig Ihre Geschlechtsteile an den Rücken Ihres »Patienten«.

DIRTY TALK

Schweinische Beschimpfungen und möglichst viele F-Wörter wirken auf manche Menschen vor und während des Geschlechtsverkehrs erregend. Andere wiederum mögen romantische Liebesschwüre, gewürzt mit schweinischen Beschimpfungen und vielen F-Wörtern. Den richtigen Ton zu finden, das ist die Herausforderung, die es zu meistern gilt. Der Gebrauch von Superlativen empfiehlt sich besonders dann, wenn der Partner ein Mann ist. Zwischen Paaren entwickelt sich oft ein ganz eigener Sprachcode, der, für Außenstehende gänzlich unverständlich, intimste Situationen beschreibt. (»Der Fuchs hat den Bau verlassen. Ich wiederhole: Der Fuchs hat den Bau verlassen. Die Operation »Silberpfeil« wird hiermit abgebrochen.« »ROGER!« »Was?« »Hör bitte auf damit, Roger.«)

ESSEN

Liebe geht durch den Magen. Dieses Sprichwort suggeriert, dass das komplexeste und unerklärlichste Gefühl des Menschen allein durch das Servieren einer warmen Mahlzeit hervorgerufen wird. Die Herkunft der Redensart ist unklar, doch ist anzunehmen, dass sie Zeiten größter Hungersnöte entstammt. Heute ist die Anziehungskraft von Kochkünsten beschränkt, sonst säßen schließlich Sterneköche und nicht Rockstars mit Groupies im Whirlpool. Hinzu kommt der ermüdende Effekt, den eine ausgiebige Mahlzeit auf ihre Konsumenten hat. Das Blut schießt in die Verdauungs-, nicht die Geschlechtsorgane. Andererseits ist der symbolische Charakter des gemeinsamen Essens unumstritten: Die Lebensmittel werden einander von Angesicht zu Angesicht genussvoll in den Mund geschoben, und am Ende tropft einem die Sauce aus dem Mundwinkel. Um dieses Instrument der Verführung optimal auszunutzen, eignen sich also besonders Delikatessen, die in Form, Farbe, Textur oder Geruch den Genitalien ähneln, die man später zu servieren gedenkt. Der Verzehr von Spargel und Austern sollte demnach mit eindeutigen Bewegungsabläufen einhergehen.

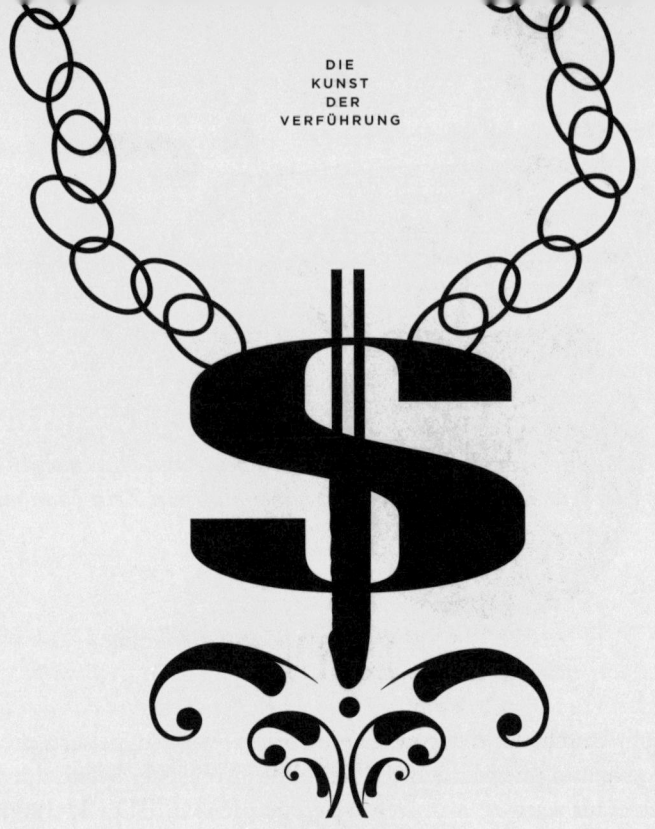

ANGEBEN

Es gibt kein wirksameres Aphrodisiakum als Erfolg. Poppers ausgenommen. Die Menschheit hat Designerkleidung und Sportwagen erfunden, um Wohlhabenden die Möglichkeit zu geben, ihren Reichtum zu zeigen, damit andere mit ihnen schlafen wollen. Aber solche Statussymbole kann sich nicht jeder leisten. Oder sie sind schwierig zu transportieren. Glücklicherweise existiert auch eine einfachere Form des Angebens, die darin besteht, dass man rein verbal herumprotzt. Allerdings sind Aufschneider nicht sonderlich beliebt, daher muss das Angeben subtil erfolgen. Diese Tabelle zeigt Ihnen, was Sie sagen müssen, um einen potenziellen Sexualpartner nachhaltig zu beeindrucken.

Level 1:

Sie haben einen großen Penis

»Wissenschaftler gehen davon aus, dass der Blauwal den größten Penis aller Lebewesen hat. Ich habe mir noch nicht die Mühe gemacht, das zu dementieren.«

Level 2:

Sie haben einen Job

»Huaah! Ich bin sehr früh aufgestanden heute und muss morgen schon wieder früh raus. So ein Job frisst unheimlich viel Zeit! Man muss ja praktisch jeden Tag da sein, nicht wahr.«

Level 3:

Sie sind hochintelligent

»Nun, meine täglichen Besorgungen pflege ich in sogenannten Discountern zu tätigen. Nur die wenigsten Individuen sind darüber unterrichtet, dass dort haargenau dieselben Güter feilgeboten werden wie in den namhaften Kaufhallen. Lediglich der Schriftzug auf der Produktverpackung unterscheidet sich von dem der Markenware.«

Level 4:

Sie haben viel Geld

»Moment, ich finde meine Kreditkarte gerade nicht. Passiert mir ständig. Vermutlich ist es nicht die beste Idee, eine schwarze American Express in einer schwarzen Brieftasche aufzubewahren.«

Level 5:

Sie besitzen eine Yacht

»Was für eine schöne Yacht. Huch, habe ich Yacht gesagt? Ich meinte Nacht. Ich dachte wohl gerade an meine Yacht, die im Hafen von St. Tropez liegt.«

Level 6:

Sie sind Roman Abramowitsch *»Hallo, ich bin Roman Abramowitsch.«*

ROMANTIK

Viele Mythen ranken sich um die Definition von Romantik. Dabei ist es ganz einfach: Romantisch ist alles, was unlogisch ist. Werden Sie beispielsweise mit der Frage konfrontiert, ob Sie an das Schicksal glauben, wirken Sie romantischer, wenn Sie mit leuchtenden Augen hauchen »Ja, ich glaube an etwas Übersinnliches, das wir Menschen nicht erklären können«, als wenn Sie antworten »Ob ich daran glaube, dass das menschliche Gehirn die Tendenz hat, aus den Milliarden Zufällen in unserem Leben zwei bis drei auszuwählen, um sie scheinbar sinnvoll miteinander zu verknüpfen? Positiv.« Für irrationale Handlungen müssen Sie als Romantiker unbedingt eine sinnlose Erklärung parat haben, die irgendetwas mit Gefühlen zu tun hat. Beispiel: »Ich hatte mir ein Spiegelei gebraten, doch aufgrund meiner positiven Gefühle gegenüber deiner Person habe ich es zu einem Aschehaufen verkohlen lassen.« Es funktioniert in jeder denkbaren Situation. Ob Sie nun Wachsstäbe in metallene Behältnisse friemeln, anzünden und auf einem Tisch aufstellen, ob Sie jemanden ergreifen und ihn im Takt eines rhythmischen Geräuschteppichs zu einem minutenlangem Wiegeschritt zwingen oder einfach nur in den schwarzen Nachthimmel starren, um in ihm fluoreszierende Umrisse von Fabelwesen und Tieren erkennen zu wollen – unromantische Geschöpfe würden an dieser Stelle eine schwere Form von Geisteskrankheit diagnostizieren, Romantiker jedoch ziehen den Hut vor Ihrer Gefühlsbetontheit. Im Idealfall bleibt es nicht beim Hut.

KÜSSE

Bis heute ist ungeklärt, aus welchem Bedürfnis heraus Menschen ihre oralen Körperöffnungen aufeinanderpressen. Kinder reagieren auf eine solche Annäherung mit natürlichem Ekel, es dauert eine gute Dekade, bis man ihnen dieses angeborene Verhalten abtrainiert hat. Meist fällt dieser Prägungserfolg in den Zeitraum der Geschlechtsreife, weswegen Küsse fortan als erregend wahrgenommen werden. Lippen und Zunge werden dazu eingesetzt, sich gegenseitig im Mundraum und darüber hinaus zu befeuchten. Das Ziel des Kusses ist, subtil den Verlauf der folgenden Zärtlichkeiten anzudeuten. Zum Beispiel, indem man mit Hilfe der versteiften Zunge große Speichelmassen in den Mund des anderen pumpt und dabei die Geschlechtsteile frenetisch zuckend an seinem Körper reibt. Achtung: Der Verzehr von deftigen Wurstwaren sollte vor dem Küssen immer gemeinsam vollzogen werden.

WÄSCHE

Wenn Sie eine Dame sind, ist Ihnen wohl kaum das breite Spektrum an aufregenden Dessous entgangen, das es Ihnen ermöglicht, einen Mann mit Stil zu verführen. Selbstverständlich hat das Objekt Ihrer Begierde einen exquisiten Geschmack, den Sie mit Ihrer Auswahl treffen möchten. Doch so unterschiedlich Geschmäcker bekanntlich sind – es gibt eine Richtlinie, an der sich alle Frauen orientieren können. Ganz so, wie sich Christen in kritischen Momenten ihres Lebens fragen »Was würde Jesus tun?«, sollten Sie die Frage im Hinterkopf behalten: »Was würde eine Nutte tun?« Zünden Sie sich also in Ruhe eine Crack-Pfeife an, und durchstöbern Sie die Regale mit den transparenten Plastik-High Heels, roter Spitze und Höschen mit dem Hinweis »Ouvert«. Auch wenn Sie es nicht nötig haben: Werfen Sie einen Blick auf das Etikett. Je billiger die Ware, desto besser.

GESCHLECHTSVERKEHR

PROBLEME
UND
LÖSUNGSANSÄTZE

Perfekten Sex gibt es nicht. Bei diesem Satz handelt es sich um eine erlogene Behauptung, die in herkömmlichen Sexualratgebern kursiert, um ihre auf jämmerlichem Niveau kopulierende Leserschaft nicht zu vergrätzen. Wir alle hatten ihn schließlich längst, den perfekten Sex, und sei es nur in unserer Fantasie. Jeder weiß, dass er existiert, nicht zuletzt aus Erotikfilmen. Doch die Wahrheit ist nun mal nichts für zartbesaitete Gemüter: Im Alltag müssen wir uns mit Geschlechtsverkehr zweiter Klasse zufriedengeben. Verkehr, bei dem wir mit unangenehmen Situationen konfrontiert werden, Situationen, in denen wir uns fragen: »Welche Reaktion ist korrekt?« Glücklicherweise haben Sie dieses Buch auf Ihrem Nachttisch platziert – so können Sie es immer dann zur Hand nehmen, wenn Sie in einem Moment der Leidenschaft mal nicht weiterwissen. Denn wie man in welcher Situation zu reagieren hat, dafür gibt es klare Richtlinien. Die gängigsten sind in diesem Kapitel aufgeführt.

Der Körper des anderen sagt Ihnen nicht zu

DIE SITUATION: Im schummrigen Licht der Taverne wirkten die Umrisse Ihrer Eroberung wie der Scherenschnitt eines Mannequins. Doch mit jedem Kleidungsstück, das Sie vom Körper Ihres Gegenübers pellen, offenbart sich ein weiteres Defizit im Ästhetik-Department. Als Sie die brennenden Augen wieder einen Spalt öffnen, um das Ausmaß des Desasters einzuschätzen, schwindet das letzte Quentchen Hoffnung: Sie haben jemand Hässlichen mit nach Hause genommen.

DIE ANGEMESSENE REAKTION: Ob jemand attraktiv ist oder nicht, das hat man heutzutage bitteschön innerhalb der ersten drei Sekunden zu entscheiden. Sollte das Ergebnis negativ ausfallen, dann sagt man: »Ich hole mir noch was zu trinken« und versteckt sich auf dem Klo. Das sind die mitteleuropäischen Umgangsformen. Keinesfalls wirft man jemandem seine Unattraktivität inmitten intimer Aktivitäten vor. Außer, die Erkenntnis tritt erst durch die Entkleidung Ihres Gegenübers ein. In Zeiten von Fitnesscentern, Diätcoaches, Schönheitschirurgie und Lifestyle-Ratgebern ist es nicht zu viel verlangt, dass Mitmenschen ihre physische Ausstattung einigermaßen instand halten. Da Sie ja sowieso nicht mehr an Körperkontakt interessiert sind, können Sie das Thema genauso gut auf den Tisch bringen. Doch bedenken Sie: Es geht nicht nur darum anzuprangern, versuchen Sie auch Hilfestellung zu leisten. Erklären Sie, wie Sie es schaffen, Ihre Figur dauerhaft zu halten, bieten Sie Internet- und Literaturtipps sowie Kontakt zu Ansprechpartnern und Selbsthilfegruppen.

Sie sind bereits nach wenigen Minuten fertig

DIE SITUATION: Kaum in sie eingedrungen, ergießt sich Ihre Erregung in das Innere Ihrer Sexualpartnerin. Die ist empört, Sie schlafen bereits.

DIE ANGEMESSENE REAKTION: Die Entrüstung Ihrer Partnerin ist verständlich. Ein Mann mit Anstand hätte die Dame nach dem Verkehr wenigstens noch zur Tür begleitet. Beachten Sie diese Grundregel beim nächsten Mal, um nicht als Rüpel zu gelten.

Angehörige betreten den Raum

DIE SITUATION: Die meisten Menschen möchten keine Verbindung zwischen Verwandtschaft und Sexualität herstellen. Kinder und Eltern halten voreinander eine asexuelle Fassade aufrecht, die nur in Ausnahmen Risse bekommt. Etwa, wenn Mutti die hartgespermte Socke ihres jugendlichen Lieblings mit spitzen Fingern vom Wäschekorb in die Waschmaschine transportiert. Oder wenn der kleine Engel im Vorschulalter plötzlich im Türrahmen steht, sein Fläschchen absetzt und seine Eltern mit dem Einwand unterbricht: »Angesichts der Tatsache, dass von mir zu dieser Uhrzeit gewöhnlich Tiefschlaf oder zumindest Stillschweigen erwartet wird – gestattet mir die Frage, aus welchem Anlass ihr mitten in der Nacht derart ohrenbetäubende Nacktkämpfe austragt.«

DIE ANGEMESSENE REAKTION: Kinder stellen das kleinste Problem dar. Beginnen Sie mit: »Mütter und Väter machen so was manchmal, aber nur dann, wenn Kinder nachts in ihr Zimmer kommen. Dadurch zeugen sie nämlich ein neues Kind, das nicht so unartig sein wird und das sie viel lieber haben werden.« Der kleine Racker wird zukünftig genau überlegen, bevor er einen Fuß vor sein Kinderzimmer setzt. Doch auch für Eltern kann es ein Schock sein, mit ansehen zu müssen, wie sich ein Unbekannter mit dem Vorsatz, ihr Prinzesschen zu entehren, Zutritt zum Familienanwesen verschafft. Und wenn Mutter, das junge Glück lediglich mit Milch und Keksen überraschen wollend, ihrem schlimmsten Albtraum ins Gesicht sehen muss. Um Ihre Enterbung zu verhindern, haben Sie nur eine Möglichkeit: Den ahnungslosen Alten unter Tränen zu berichten, wie Sie mit einer Rape-Droge in Ihrer Limonade gefügig gemacht wurden. Vereinbaren Sie für zukünftige Dates vorsichtshalber einen Treffpunkt außerhalb Ihres Kinderzimmers.

Sie sind unbemerkt gekommen

DIE SITUATION: Es handelt sich hierbei um das Gegenteil des vorgetäuschten Orgasmus: den unbemerkten Höhepunkt. Erfolgt in der Reiterstellung kein eindeutiger verbaler oder mimischer Hinweis auf das Ende des Beischlafs, wird früher oder später folgende Situation eintreten: Ihre Partnerin hüpft wie eine Besessene auf Ihrem erschlafften Glied auf und ab, das, benetzt mit seinen eigenen Ausscheidungen, aus dem Unterleib gleitet. Die Vulva kollidiert mit dem glitschigen, welken Genital eines Mannes, dessen sexuelle Erregung bereits in der Vergangenheit der Vergangenheit angehörte. Ein Moment, an Peinlichkeit kaum zu übertreffen. Das Antlitz Ihrer Partnerin wird sich verdunkeln, während sie sich Fragen stellt wie: »Wie lange war sein Genital bereits in diesem Zustand? Wie lange hat er es mir verschwiegen – und wann hatte er vor, mir die Wahrheit zu sagen? Ist das hier überhaupt Sex – oder nur einer von vielen Wegen, mich der Lächerlichkeit preiszugeben?«

DIE ANGEMESSENE REAKTION: Ersparen Sie Ihrer Partnerin eine derart unangenehme Situation – und handeln Sie umgehend! Sobald Sie erkannt haben, dass Ihr Orgasmus unbemerkt geblieben zu sein scheint, stoßen Sie deutlich hörbare Schreie aus und winden sich vermeintlich unkontrolliert zuckend unter Ihrer Partnerin. Ist sie auch dadurch nicht zum Stillstand zu bringen, verdeutlichen Sie die Situation mit den Worten: »Aah! Mein Körper erfährt gegenwärtig einen Orgasmus!« Ergreifen Sie zusätzlich die Hüften Ihrer Partnerin, um sie zu bremsen, stoßen Sie dabei bewährte Laute aus wie »Brrr«

oder »Hooo«. Haben Sie die unermüdliche Reiterin zum Stillstand gebracht, buckeln Sie, um sie abzuwerfen und mit einer Tüte Chips den Fernsehabend einzuleiten.

Ihr Partner ist zu behaart

DIE SITUATION: Sie hatten eine Abmachung. Sie sind bereit, ihn anzufassen, dafür gehört er der Spezies Mensch an. Er hat es offenbar nicht für nötig gehalten, seinen Teil der Abmachung einzuhalten, also warum sollten Sie das tun?

DIE ANGEMESSENE REAKTION: Sie könnten jetzt natürlich verführerisch ankündigen, erst einmal zusammen unter die Dusche zu springen. Wäre nicht bereits abzusehen, dass Ihr Damenrasierer unter der Wucht dieses Rückenflokatis in seine Einzelteile zerfallen würde. Sie bräuchten eine verdammte Schermaschine, um dagegen anzukommen. Möglichkeit a) Sie fahren gemeinsam in den Agrarhandel. Möglichkeit b) Sie bringen diesen Irrtum wieder zurück in den Eselpark, und sehen ein, dass man beim Thema Fortpflanzung besser unter Artgenossen bleibt.

Ihre Partnerin blutet

DIE SITUATION: Sanft liebkosten Sie die zarte Haut an ihrem Hals, zärtlich ließen Sie Ihre Hände über ihre Hüften gleiten, schmiegten sich kaum wahrnehmbar an ihren Busen, streichelten die warme Haut Ihrer Geliebten und bedeckten ihren bebenden Körper mit unzähligen kleinen Schmetterlingsküssen. Mit derselben Sensibilität führten Sie freilich auch Ihr Liebesschwert in ihre Lustgrotte ein und waren dann doch einigermaßen verdattert, als das Laken plötzlich aussah, als hätten Sie ein Schwein darauf geschlachtet.

DIE ANGEMESSENE REAKTION: Unterbrechen Sie den Koitus, und drücken Sie leicht mit einem Tuch auf den blutenden Bereich. Blenden Sie alle verharmlosenden Erklärungsversuche Ihrer Partnerin aus

– sie hat entschieden zu viel Blut verloren und muss sich dringend beruhigen. Reden Sie mit ruhiger Stimme auf Sie ein, während Sie einen sterilen Verband anlegen und die blutende Person mit dem Kopf ein wenig tiefer als Körper und Beine lagern, damit genügend Sauerstoff ins Gehirn gelangt (Schocklagerung). Sollten Sie die Blutung nicht unter Kontrolle bekommen, rufen Sie einen Krankenwagen.

Ihnen entfährt ein unangenehmes Geräusch

DIE SITUATION: Die Perforation des menschlichen Körpers – Segen und Ärgernis zugleich. Aus welcher Ihrer zahlreichen Öffnungen und Ritzen dieses Geräusch gerade schon wieder gedrungen ist, können Sie gar nicht genau sagen. Es ist auch irrelevant. Relevant ist nur dieses: Das hätte nicht passieren dürfen.

DIE ANGEMESSENE REAKTION: Wenn Sie das Geräusch schon nicht rückgängig machen können, wiederholen Sie es wenigstens. Des Kontrollverlusts verdächtigt zu werden ist in jedem Fall peinlicher als zweimal hintereinander selbstbewusst einen fahren zu lassen. Ist dieses Verfahren nicht durchführbar, versuchen Sie mit den umliegenden Materialien (z. B. Ledercouch) ein ähnliches Geräusch zu erzeugen, auf das Sie hinweisen können, falls Ihr Partner Ihren Körper der Geräuschproduktion bezichtigen sollte.

Sie fühlen sich hinters Licht geführt

DIE SITUATION: Kaum haben Sie Ihren Sexualpartner berührt, beginnt er auf dem Dezibelniveau eines Presslufthammers zu stöhnen und zu röhren. Sie halten irritiert inne. Der zieht doch eine Show ab.

DIE ANGEMESSENE REAKTION: Murmeln Sie etwas von »Verarschen«, »lass« und »ich mich nicht«, ziehen Sie sich theatralisch den Morgenrock über und in den Salon zurück.

Sie sind betrunken

DIE SITUATION: Sssiebm Wein warn dassoch nur, aber wiesofühlimichsoanners, irgenwie komischnä, willnochmehr spassham jetzhier BUMSN! Kommherdu!

DIE ANGEMESSENE REAKTION: Vielleicht entfernen Sie erstmal das Erbrochene aus Ihrem Mundwinkel. Danke. Grundsätzlich gilt natürlich: Sich zu übergeben ist eine hervorragende Methode, um zumindest diese penetrante Übelkeit loszuwerden. Tun Sie es jedoch nicht vor/auf Ihrem Partner, denn das könnte seine Lust auf Erotik mindern. Vielleicht auch Ihre eigene: Gerade Männern fällt es in einem stark alkoholisierten Zustand oft schwer, die nötigen körperlichen Voraussetzungen für Geschlechtsverkehr zu schaffen. Sofern es jedoch kein körperliches Versagen zur Folge hat, gilt das alkoholhaltige Getränk der Wahl als allseits beliebter Zaubertrunk, der störende Hemmungen in heißblütige Leidenschaft zu verwandeln vermag. Achten Sie darauf, dass Ihr Partner einen ähnlichen Pegel vorweisen kann wie Sie, um ein böses Erwachen am Morgen zu vermeiden. Ansonsten: Viel Spaß!

Ihre Erektion lässt zu wünschen übrig

DIE SITUATION: Das ist Ihnen noch nie passiert. Sie wollen, aber Sie können nicht. Der ungläubige Blick Ihrer Partnerin gibt Ihnen den Rest. Sie zücken Ihren Terminkalender und tragen ein »Morgen, 9.30, Suizid«.

DIE ANGEMESSENE REAKTION: Einfühlsamkeit, Zärtlichkeit, liebevolle Gespräche – all das können Sie jetzt vergessen. Sie haben sich nicht das Knie aufgeschlagen, Sie sind impotent! Ab jetzt wahrscheinlich ein Leben lang! Oberste Priorität hat also nur eines: den Verdacht, ein Schlappschwanz zu sein, von sich zu lenken. Der einzig glaubwürdige Ausweg ist, Ihre Partnerin für diesen desaströsen Ausfall verantwortlich zu machen. Für Ihre Vorwürfe finden Sie glücklicherweise einen fruchtbaren Boden vor – sie sitzt ja bereits schluchzend auf der Bettkante und zweifelt an ihrer Attraktivität. Bestätigen Sie diesen Verdacht mit einem »Es liegt an Ihren seltsam geformten Brustwarzen, Simone«, ergreifen Sie Mantel und Hut, um direkt in die urologische Praxis Ihres Vertrauens zu eilen. Denn auch wenn Simones Brustwarzen in der Tat recht bizarre Formen annehmen, ist es doch wahrscheinlicher, dass hinter Ihrem Hänger eine schwere Herzerkrankung steckt.

Ihr Partner ist bewusstlos

DIE
SITUATION:

Da liegt er. Ob es nun die Plastiktüte über seinem Kopf oder die Peitschenhiebe auf den Rücken waren, die ihm den Rest gegeben haben? Was soll die dämliche Frage, Sie sind ja kein Arzt. Auch, wenn Sie ein Krankenschwesterkostüm tragen. Und ein Klistier in der Hand haben. Schluss damit, viel wichtiger ist, dass Ihr Sexualpartner nicht krepiert, denn sonst wird morgen das ganze Büro wissen, an was für perversen Rollenspielen Sie gerade teilgenommen haben.

DIE
ANGEMESSENE
REAKTION:

Im Vorfeld sollten Sie drei, vier Dinge verschwinden lassen, mit denen Sie keinesfalls öffentlich in Verbindung gebracht werden möchten. Die Pumpe. Die Windeln. Die Wüstenspringmaus. Erst dann kümmern Sie sich um den Bewusstlosen. Schlagen Sie ihm ins Gesicht, wie Sie es in amerikanischen Filmen gesehen haben. Hilft das nicht, prüfen Sie, ob er atmet. Ziehen Sie ihm dazu die Plastiktüte vom Kopf. Spüren Sie seinen Atem, rollen Sie ihn in die stabile Seitenlage, um ihm aus einem anderen Winkel noch ein paar zu verpassen. Setzt sein Atem aus, müssen Sie ihm in den Mund atmen und die Herzmassage starten. Mittlerweile müssten Sie natürlich längst den Notruf gewählt haben. Denn sollten Ihre Maßnahmen erfolglos bleiben, dann müssen Sie neben dem ganzen Sexspielzeug auch noch eine Leiche verschwinden lassen.

Sie denken die ganze Zeit an etwas anderes

DIE SITUATION: SEX! SEX! SEX! Sie können das noch so oft wiederholen, aber aus einem Ihnen unbekannten Grund kommen Sie doch immer wieder zum Thema »Vermögenswirksame Leistungen« zurück.

DIE ANGEMESSENE REAKTION: Denken Sie, an was Sie wollen. Nur dürfen Sie Ihren Partner unter keinen Umständen merken lassen, dass Sie weit entfernt von den halluzinatorischen Sphären sexueller Ekstase sind. Um ihn sicher zu täuschen, wenden Sie einen einfachen Trick an. Ahmen Sie alles nach, was Ihr Partner tut: Er stöhnt? Sie stöhnen. Er ruft »Oh ja!«? Sie rufen »Oh ja!«. Er rollt mit den Augen, kneift sich in die Brustwarzen und kreischt dabei herum wie ein vom Teufel besessener Geisteskranker? Äh, das ginge zu weit. Doch das Prinzip ist denkbar einfach – und Ihr Partner kann Ihnen keinen Vorwurf machen, denn er verhält sich schließlich ganz genauso dämlich wie Sie. Ahmt er Sie womöglich sogar nach? Ein gruseliger Gedanke.

Sie kriegen die Flasche nicht mehr raus

DIE SITUATION: »Hm. Wer hätte gedacht, dass die Weinflasche wirklich in diese kleine Öffnung passt? Erstaunlich. Auch ein wenig schmerzhaft. Äußerst schmerzhaft eigentlich, je länger man drüber nachdenkt, desto schmerzhafter, autsch, also, die soll jetzt wieder raus da. Ziehen Sie mal. Doller. Nein, nicht so, anders. Aua, aua. Was meinen Sie damit? Was meinen Sie damit, die steckt fest? Oha.«

DIE ANGEMESSENE REAKTION: Es gibt zwei Möglichkeiten. Entweder Sie bestellen den ärztlichen Notdienst an Ihre Türschwelle und verraten dem freundlichen Sanitäter, was geschehen ist. Er hat vermutlich schon viel von Leuten wie Ihnen gehört, aber selbst noch keinen Fall wie diesen erlebt und wird deswegen in einer Rundmail an all seine Freunde und Bekannten unter massivem Einsatz von Emoticons Ihren Fall schildern. Die zweite Variante: Erfinden Sie eine Maschine, mit der es möglich ist, in der Zeit zurückzureisen, und beantworten Sie die Frage »Soll ich dir mal die Flasche hier reinschieben?« mit »Bitte nicht.«

Sie haben sich verliebt

DIE
SITUATION:
Bisher waren Frauen für Sie hauptsächlich eine bequeme Aufbewahrungsmöglichkeit für Ihren Penis. Doch Ihre aktuelle Sexualpartnerin löst ein merkwürdiges Verhalten in Ihnen aus. Sie sehen ihr ununterbrochen in die Augen. Sie hören ihr zu, wenn sie spricht. Sie benutzen plötzlich Kondome, wenn Sie mit anderen Frauen ins Bett gehen. Das alles ist Ihnen höchst unangenehm. Sie befürchten, schwul oder so geworden zu sein.

DIE
ANGEMESSENE
REAKTION:
Sie sind nicht schwul. Sie sind verliebt. Was nun? Verbergen Sie Ihre Gefühle in jedem Fall so lange, bis Sie sich vollkommen sicher sind, den Rest Ihres Lebens mit dieser einen Person verbringen zu wollen. Das gibt Ihnen Zeit, einen schalldichten Verschlag in Ihrem Keller zu bauen. Alternativ können Sie ihr auch einen Heiratsantrag machen. Aber seien Sie sich darüber im Klaren, dass Ihre Gefühle in wenigen Jahren, vielleicht auch Monaten, von exakt der Person, die sie einst ausgelöst hat, wieder erstickt werden. Es lohnt sich also auch, Möglichkeit Nummer drei in Betracht zu ziehen: warten, bis die Gefühle von allein abkühlen, und den Lebensweg unbeirrt fortsetzen.

Die Stimulationsversuche Ihres Partners lassen Sie kalt

DIE
SITUATION:
Liegt es an Ihrem abnormen Geschlechtsorgan? Oder an den zittrigen Fingern Ihres Sexualpartners? Es spielt zwar keine Rolle, aber wenn Sie sich festlegen müssten: vermutlich an Letzterem. Es ist eine Farce. Ächzend schiebt er einen Finger nach dem anderen in Ihre Körperöffnungen,

fummelt dabei frenetisch an Ihren brennenden Brustwarzen und speichelt Ihnen das ganze Gesicht voll. Oder sind es Ihre eigenen Tränen, die Sie auf Ihren Wangen spüren?

DIE
ANGEMESSENE
REAKTION:

Natürlich könnten Sie sich einfach den Rat Queen Victorias zu Herzen nehmen, sich zurücklehnen und an England denken. (Wenn Sie irgendeine Vorstellung von dem Land hätten, die über betrunkene Tottenham-Hooligans hinausginge.) Natürlich könnten Sie seine Hand in die Ihre legen und sie sanft zu Ihren erogenen Zonen führen, Sie könnten ihm erklären, beibringen, lehren, auf welchen magischen Wegen das Wunder des weiblichen Körpers Lust zu empfinden vermag, welche Berührungen Sie den Gipfel der Leidenschaft erklimmen lassen und Sie in höchste Ekstase versetzen. (Wenn Sie so eine aufgeblähte Esoterikkröte mit auberginefarbenem Haar und Lapislazuli-Amulett wären.) Und natürlich könnten Sie ihm auch klipp und klar sagen, dass er sich bitte eine andere Frau suchen soll, die er per Vorspiel in den Selbstmord treibt. (Wenn Sie nicht so ein feinfühliger Mensch wären, der es verabscheut, anderer Leute Gefühle zu verletzen.) Nein. Wenn Sie sich entschlossen haben, das Ganze hier und jetzt zu beenden, ist es das Vernünftigste, ihm sanft den Finger auf die Lippen zu legen und zu flüstern: »Ich muss Ihnen vorher noch etwas Wichtiges mitteilen.« Sicher wird es ihn überraschen, dass Sie Hepatitis haben, aber in Verbindung mit dem Kondom mit der Aufschrift »Verbesserte Sicherheit! Jetzt bis zu 90 Prozent« brauchen Sie ihn wahrscheinlich nicht mehr zum Frühstück einplanen. Dann müssen Sie wohl alle Croissants allein aufmampfen. Zur Strafe werden Sie allerdings wahrscheinlich wirklich mal Hepatitis bekommen.

BENIMM REGELN ÜR SEXUELL AKTIVE

Die wichtigsten Fragen zur Etikette in Sachen Sexualität: Gestellt und beantwortet von ein und derselben Person ohne nennenswerte Qualifikation, weder für das eine noch das andere. Ein aufschlussreicher Pseudodialog, wie er so noch nicht geführt wurde. Außer natürlich in jeder x-beliebigen Publikation am Zeitschriftenstand. Los geht's!

DARF ICH WÄHREND DES VERKEHRS ANS TELEFON GEHEN?

!

● Während eben noch Gedanken der unaussprechlichen Sorte das Hirn beherrschten, grübelt man nun: »Wer könnte es sein, der um diese Uhrzeit das Gespräch mit mir sucht? Ob es Mutter ist? Nicht, dass Vater etwas zugestoßen ist ...« Schon malt sich der im Geschlechtsakt Partizipierende den gewaltsamen Tod seines Erzeugers aus. Nicht immer bedeutet das ein Plus an Erregung. Im Idealfall bettet man das Stummschalten aller vorhandenen Telefongeräte also bereits ins Vorspiel ein. Sollten Sie dieses versäumt haben, ist die Annahme des Anrufs zu empfehlen. Auch wenn Ihr Sexualpartner damit womöglich nicht einverstanden ist. Aber was erwartet er? Dass Sie ihn in Hermelin hüllen und »Eure Hoheit« nennen? Sie haben auch noch andere Verpflichtungen, und wenn Ihr Partner mal eine Sekunde ehrlich zu sich selbst sein könnte, wüsste er, dass es gerade Ihre Unabhängigkeit ist, die Sie so begehrenswert für ihn macht.

IN WELCHEN SITUATIONEN SOLLTE MAN EINEN ORGASMUS VORTÄUSCHEN?

!

● Ein vorgetäuschter Orgasmus kann so manche Peinlichkeit überspielen. In erster Linie die, am Erlangen eines Höhepunkts gescheitert zu sein.

Andererseits eignet sich das Vortäuschen eines Orgasmus auch dann, wenn Sie bereits einen gehabt haben, der unbemerkt geblieben ist (siehe Seite 56) oder Sie den Eindruck erwecken möchten, noch viele, viele Nanosekunden länger durchgehalten zu haben. Am leichtesten täuschen lässt sich, neben Senioren und Betrunkenen, der heterosexuelle Mann: Er kann nicht im Ansatz erahnen, was in einem Moment der Ekstase in einer Frau vor sich geht. Außerdem sieht er in seinem Leben statistisch betrachtet mehr vorgetäuschte als echte Orgasmen, geht aber vom Gegenteil aus und hält damit die vorgetäuschten für echte. Um glaubwürdig zu erscheinen, sollte ein Orgasmus also immer dann vorgetäuscht werden, wenn ein echter erwartet wird, und umgekehrt.

SOLLTE MAN DEM PARTNER EINEN SEITENSPRUNG BEICHTEN?

Ehrlichkeit ist in einer Beziehung das Wichtigste. Allein schon, um das blöde Gesicht zu sehen. Es gibt kaum einen interessanteren Anblick als einen Menschen, dem für einen Moment lang jegliches Vertrauen, alle Hoffnung, seine Liebes- und Lebensfähigkeit gleichzeitig aus dem Gesicht radiert wurden. Und das allein aufgrund von ein paar Worten Ihrerseits! Das ist ein überwältigendes Gefühl, vor allem für Ihren Partner. Vielleicht sogar so überwältigend, dass er die Beziehung beendet. Nur, um auch mal ein Gesicht zu sehen, aus dem für einen Moment lang jegliches Vertrauen, alle Hoffnung, Liebes- und Lebensfähigkeit radiert wurden. Wer seinen Partner ernsthaft liebgewonnen hat, sollte in Betracht ziehen, die Klappe zu halten. Oder streichen Sie Seitensprünge doch von vornherein aus Ihrem sexuellen Repertoire! Haha!

WIE ERKLÄRE ICH EINEM POTENZIELLEN SEXUALPARTNER, DASS ICH MIR KÖRPERKONTAKT FINANZIELL VERGÜTEN LASSE?

Geschlechtsverkehr ist eine Dienstleistung. Dienstleistungen sind kostenpflichtig. Natürlich hat jeder Bürger das Recht, einem anderen die Kosten für eine Dienstleistung aus Gründen der Kulanz zu erlassen, aber ebenso hat jeder das Recht auf einen angemessenen finanziellen Ausgleich für seinen Arbeits- und Zeitaufwand. Diese einfachsten Gesetze der Marktwirtschaft müssen Sie Ihrem Sexualpartner hoffentlich nicht erklären. Der Fairness halber sollten Sie Ihre Preise trotzdem bereits vor dem Geschlechtsverkehr kommunizieren, um ihm die Möglichkeit zu geben, gegebenenfalls aus dem Geschäft auszusteigen, sollte er mit den Konditionen nicht einverstanden sein. Dies kann diskret durch Preisschilder oder das Aushändigen einer Liste geschehen, Sie können aber auch jede seiner Annäherungen mit einem Kassengeräusch untermalen und den aktuellen Stand der Rechnung in einer Roboterstimme (optional) durchgeben.

WAS TUN MIT EINEM BENUTZTEN KONDOM?

Die ökologisch korrekte Entsorgung eines benutzten Kondoms stellt jede einigermaßen verantwortungsvolle Hausfrau vor ein Problem. Um das Gummi regelkonform im Plastikmüll entsorgen zu können, muss eine Trennung von Kondom und Inhalt erfolgen. Die verhinderten Nachkommen eines geliebten Menschen auf den Komposthaufen zu träufeln, würde der Magie dieser lebensspendenden Substanz nicht gerecht. Daher geben Sie den Samen des Mannes am besten mit einer Pipette in ein verschließbares Gefäß und beschriften den Behälter mit den wichtigsten Informationen wie Datum, Name und Telefonnummer des Spenders, Augenfarbe, Haarfarbe, IQ, genetischen Auffälligkeiten. Reihen Sie ihn in alphabetischer Reihenfolge zwischen die anderen Behälter in Ihrem minus 196 Grad kalten Stickstoffcontainer. Sollten die Lieferungen roter Rosen irgendwann seltener werden, können Sie ja nebenbei mal erwähnen, dass Sie im Besitz seiner schockgefrosteten Erben sind.

WIE BRINGT MAN SEINEM SEXUALPARTNER BEI, DASS MAN IN SEINER GEGENWART NOCH NIE EINEN ORGASMUS HATTE?

Vorausgesetzt, Ihr Partner glaubt, Sie hätten bereits Orgasmen in seiner Gegenwart gehabt, stellt das Gespräch eine Überraschung für ihn dar. Sie sollten ihn also behutsam an die Materie heranführen. Beispielsituation: Der Körper Ihres Partners krampft sich unter den orgiastischen Zuckungen seines Höhepunkts zusammen. Sie stehen wie immer teilnahmslos daneben. Empfohlene Reaktion: Stehen Sie wie immer teilnahmslos daneben. Warten Sie, bis sich Atmung, Puls, Herzfrequenz und Blutwerte Ihres Partners wieder normalisiert haben. Beobachten Sie ihn eine Weile, und murmeln Sie dann etwas Unverständliches, zum Beispiel »Ich hgasbs rudbsoschn AIDS«. Fragt er, was Sie gerade gesagt haben, antworten Sie mit »Ach, nichts« und beginnen demonstrativ mit

leichten Aufräumarbeiten. Erst nachdem er Sie mehrere Stunden ange-
fleht hat, ihm zu sagen, was los ist, dürfen Sie ihm mitteilen, dass er Sie
noch nie zum Höhepunkt gebracht hat. Statt erbost wird er erleichtert
sein! Offenbar hatte er irgendwas mit AIDS verstanden.

MUSS ICH MIR
VOR DEM VERKEHR
DIE SCHAMHAARE
ABRASIEREN?

Ja, wenn Sie eine oder mehrere der folgenden Fragen mit einem »Ja«
beantworten. Denn nur unter diesen Umständen ist vollkommen ent-
haarte Haut im Intimbereich unerlässlich.

Ich arbeite in der Pornobranche.

Ich arbeite noch nicht in der Pornobranche,
doch Gel-Nägel, Sonnenbankbräune
und Tribal-Tattoos genießen in meinen Kreisen
allerhöchstes Ansehen.

Ich bin Moslem.
Mein Gott liebt's.

Mein Partner ist pädophil, und wenn er merken würde,
dass bei mir bereits die Pubertät eingesetzt hat,
bekäme ich Hausarrest.

Schamhaar würde meine Karriere als Hodensackmodel
zerstören, schon bevor sie überhaupt begonnen hat.

WO SOLL ICH WÄHREND DES ORALVERKEHRS HINSCHAUEN?

Nun. In der Stellung »69« bleibt Ihnen wohl nichts anderes übrig als die Gesäßfalte Ihres Partners zu inspizieren. Kniet oder liegt jedoch der eine vor beziehungsweise auf dem anderen, so ist zumindest die obere Gesichtshälfte zu sehen. Das wirft Fragen auf. Wie »Wie ist diese Person wohl nasenunterhalb beschaffen?« oder »Ist Blickkontakt in einer derartigen Situation angebracht?« Die Antwort auf letztere Frage lautet: Ja. Blickkontakt signalisiert dem Empfänger: »Ganz recht, ich nehme Ihre intimsten Körperteile in den Mund. Und zwar ganz bewusst. Mich interessiert, was Sie davon halten, und ich versuche, es aus Ihrem Gesichtsausdruck zu lesen.« Während geschlossene Augen den Verdacht nahelegen, Sie würden sich klammheimlich auf eine Südseeinsel verpissen, während Ihr taubpenetrierter Mund die Drecksarbeit erledigt.

MUSS MAN BEIM ORALVERKEHR AUSGESCHIEDENES SPERMA HINUNTERSCHLUCKEN?

Gegenfrage: Wie würden Sie reagieren, wenn Sie Ihrem Gegenüber in einem Restaurant aus Versehen ins Gesicht niesen würden und derjenige würde, statt sich angewidert abzuwenden, den Mund öffnen und versuchen, Ihre Speicheltröpfchen mit der Zunge aufzufangen? Richtig. Geschmeichelt. Genauso verhält es sich mit Sperma. Je mehr Liebe man der viertekelerregendsten Ausscheidung des männlichen Körpers entgegenbringt, desto geliebter fühlt sich ihr Produzent. Sie könnten

Ihrem Partner kaum ein schöneres Kompliment machen. Doch nicht jeder möchte seinem Partner ein Kompliment machen, das mit dem Schlucken einer gallertartigen Masse einhergeht. Aus dem Grund existieren Alternativen. Zum Beispiel das Einarbeiten der Flüssigkeit ins Dekolleté oder die Gesichtshaut, die manuelle Umleitung auf unbeteiligte Gegenstände oder die Verwendung als kostengünstiges Styling-Produkt.

IN WELCHEN SITUATIONEN IST DER ABBRUCH DES BEISCHLAFS ANZURATEN?

Ein unverzeihlicher Fauxpas kann zum sofortigen Abbruch sexueller Interaktion führen. Doch nicht immer ist klar, ob sich ein plötzlicher Boykott mit der Etikette vereinbaren ließe. »Die feine Art des Vögelns« hieße nicht »Die feine Art des Vögelns«, wenn es nicht auch eine Liste mit Situationen beinhalten würde, die zum sofortigen Ausschluss eines Sexualpartners führen. Vielleicht hieße es »Ich steck dann mal weg« oder »Jedes Kind kann Beischlaf lernen« oder »Sorge dich nicht – bumse!«. Doch diese mäßig ulkigen Überlegungen werden nun glücklicherweise von der bereits angekündigten Liste unterbrochen.

Die Partnerin wird nicht feucht, der Partner bekommt keine Erektion. Ein Schlag ins Gesicht für jeden Sexualpartner – und ein völlig legitimer Grund, den ganzen Irrsinn hier und jetzt zu beenden.

Es ist nicht abzusehen, dass der Partner in der nächsten halben Stunde zum Höhepunkt kommt. Teilen Sie ihm mit, dass Sie aufregendere Aufgaben zu erledigen hätten, z. B. Farbe beim Trocknen zuzusehen.

Die Partnerin eröffnet Ihnen, ihre äußerst attraktive beste Freundin eingeladen zu haben, dem Geschlechtsverkehr beizuwohnen. Dass das einem Vertrauensbruch gleichkommt, wäre gelinde ausgedrückt!

Ihre Partnerin wendet Gewalt an. Sie hätten ausdrücklich darum gebeten, behauptet sie. Natürlich. Notorische Schläger finden immer eine Ausrede.

Die Partnerin stöhnt während des Verkehrs einen anderen Namen. Sie drehen durch.

Der Partner erteilt Ihnen Befehle. Eine Anmaßung. Keiner kann Sie zwingen, sich zurückzulehnen und einfach zu genießen!

Der Partner behält die Socken an. Und nicht nur die: auch Schuhe, Hose, Pulli und Jacke.
Auf Nachfrage gibt er an, gar keinen Sex, sondern einen Spaziergang machen zu wollen. Er geht zu weit. Raus.

WAS SOLL MAN
NACH DEM SEX TUN?

Immer wieder wird Kopulierenden eingebleut, nach dem Verkehr keinesfalls einzuschlafen (Männer) oder ein Gespräch zu beginnen (Frauen), da diese beiden Tätigkeiten sich schlecht vereinbaren lassen und vom jeweils anderen Geschlecht vehement abgelehnt werden. Direkt unter die Dusche zu gehen ist laut führender Sexualexperten auch verboten, denn das könnte den Eindruck erwecken, dass man sich unter der Kruste aus getrockneter Samenflüssigkeit unwohl fühlt, was den Partner wiederum verletzen könnte. Männer und Frauen sitzen also starr nebeneinander, peinlich darauf bedacht, weder einzuschlafen noch Sätze zu formulieren. Es bleibt also nicht viel, was man nach so einem Geschlechtsverkehr gemeinsam tun kann. Aus diesem Grund wurde 1959 das Spiel »Malefiz« erfunden – ein heiteres Gesellschaftsspiel, das die Ausschüttung der Botenstoffe, die Gesprächslust, Waschzwang oder Müdigkeit auslösen, verhindert.

ICH WERDE
VON EINEM KOLLEGEN
SEXUELL BELÄSTIGT.
WIE KANN ICH
MICH WEHREN?

Sind Sie eine Frau? Dann zerren Sie den Kollegen umgehend in ein Hinterzimmer und führen Sie Geschlechtsverkehr an ihm durch. Erstens geraten Sie so gar nicht erst in eine erbärmliche Opferrolle, zweitens nutzen Sie einen natürlichen Reflex im Gehirn des Mannes: Sobald Sie sich ihm hingegeben haben, wird er seine Energie in die Eroberung anderer Weibchen investieren und Sie in Ruhe lassen. Diese Taktik erspart Ihnen eine Menge Ärger und, seien wir ehrlich, auch den langsam-quälenden Verlust Ihres Arbeitsplatzes. Aber Sie können natürlich auch einen Anwalt einschalten, der all das verhindert. Haha! Nein, wirklich: Hahahaha!

ICH MÖCHTE MIT KONDOM VERHÜTEN, IM BESITZ DES ERFORDERLICHEN PENIS IST JEDOCH MEIN PARTNER. WIE BRINGE ICH IHN DAZU, EIN PRÄSERVATIV ZU VERWENDEN?

Vor dem sexuellen Verkehr ein Kautschuksäcklein um das agierende Körperteil zu wickeln, klingt für Außenstehende nach einem Akt geistiger Umnachtung. Jenes Utensil weiß all das zu verhindern, wofür Sexualität ursprünglich einmal erfunden wurde: größtmögliche Nähe, größtmögliche Reibung, größtmögliche Vermengung von Körpersäften. Doch statt diesem natürlichen Auftrag alsbald nachzukommen, wühlt eine vor Verlangen zitternde Hand hektisch durch verschiedene Schubladen, um einen Gummischlauch hervorzuzerren, den sich der männliche Part über sein stetig erschlaffendes Glied zieht. Grund: Er soll Gefahren vorbeugen. Der Gefahr der Fortpflanzung und der Gefahr der Ansteckung mit sexuell übertragbaren Krankheiten. Viele Männer halten diese Risiken für durchaus kalkulierbar, natürlich ohne die Kalkulation tatsächlich durchzuführen. Frauen sind in den meisten Fällen verantwortungsbewusster. Nicht zuletzt, weil sie wissen, dass sie es sind, die den unerwünschten Nachwuchs gebären und ins Heim geben müssen. Um derlei Gespräche vor dem Geschlechtsakt nicht führen zu müssen, verhüten mehr als die Hälfte der deutschen Frauen mit der Antibabypille. Es bleibt: die Ansteckungsgefahr. Um den Partner in jedem Fall zur Verwendung eines Kondoms zu bewegen, probieren Sie es mit folgenden Taktiken.

Lassen Sie während des Dirty Talk die Worte »*Vaterschaftstest*« und »*Alimente*« fallen.

Fragen Sie ihn, was das sein könnte, wenn es im Inneren der Vagina seit Tagen brennt und juckt.

Berichten Sie ihm von Ihrer Spermaallergie, die die umgehende Verkrampfung Ihrer Scheide zur Folge hat. Schon mehrmals mussten Sie in der Notaufnahme unter Einsatz einer Säge von Sexualpartnern getrennt werden.

ICH MÖCHTE MIT ZWEI FRAUEN GLEICHZEITIG SCHLAFEN. WIE KANN ICH MIR DIESE FANTASIE ERFÜLLEN?

!

Indem Sie so lange Hochprozentiges konsumieren, bis Sie Ihre Frau doppelt sehen. Um eine derartige Albernheit lustig zu finden, ist zugegebenermaßen mindestens genauso viel Alkohol notwendig. Also ernsthaft: Auf einer Skala von null bis null liegt das Interesse an einem Dreier bei den meisten Frauen bei exakt null. Um sich Ihren Wunsch dennoch zu erfüllen, müssen Sie also entweder zwei der wahnsinnigen, ungewaschenen, irgendwie verwelkt aussehenden Frauen im Internet auftreiben, die ihre Abneigung gegen Dreier zugunsten überhaupt irgendeiner sexuellen Interaktion verdrängt haben. Oder Sie entscheiden sich für zwei herkömmliche Frauen, sind jedoch kurz vorher ein angesagter Superstar geworden und brechen ihren Willen zusätzlich durch Geld und Drogen.

WAS SOLL ICH TUN, WENN MEIN PARTNER MEINE PORNOSAMMLUNG ENTDECKT?

Nun. Die wird ja hoffentlich nicht mehr physisch irgendwo im Regal herumstehen. Oder etwa doch? Sie haben »Gonzo-Drohne, Teil 8« und »Üppige Wichsengel« noch nicht digitalisiert? DVDs oder gar Videokassetten, man muss ja fast noch davon ausgehen, dass Sie letztere besitzen, bergen ein höchstmögliches Risiko der Entdeckung Ihrer geheimsten Vorlieben durch Angehörige. Das Resultat: Die Mär Ihres ach so zivilisierten Wesens entpuppt sich als Lügengerüst und Ihre geheime Identität als Sau fliegt auf. Natürlich kann Ihnen das auch mit einer völlig verpornten Computerfestplatte passieren. Deshalb sollten Sie erwägen, die Dateien auf einem USB-Stick aufzubewahren. Oder Videos dieser Art nur noch im Internet anzusehen und danach den Verlauf zu löschen. Nun zur ursprünglichen Frage. Idealerweise können Sie Ihren Partner mit ähnlichen Entdeckungen konfrontieren. Bei Frauen: Kramen Sie ihren Vibrator aus seinem Versteck hervor. Kennen Sie das Vibratorversteck nicht, kramen Sie eine Zucchini aus dem Gemüsefach hervor. Rufen Sie: »Und was bitteschön ist DAS hier?«

ICH MUSS PLÖTZLICH MAL. DARF ICH WÄHREND DES GESCHLECHTSVERKEHRS AUFS KLO GEHEN?

Bevor Sie sich die Mühe machen: Fragen Sie Ihren Partner doch erst einmal, ob er vielleicht eine klitzekleine Vorliebe für »Natursekt« oder »Kaviar« hat. (Arbeiten Sie unbedingt auch die Anführungszeichen deutlich heraus, um sicherzustellen, dass ihm die wahre Bedeutung hinter diesen Bezeichnungen nicht verborgen bleibt.) Unter Umständen können Sie sich den beschwerlichen Gang in die Waschräume sparen und gleichzeitig etwas tun, was die Erregungskurve Ihres Sexualpartners rapide ansteigen lässt.

IN MEINER BEZIEHUNG INITIIERE IMMER ICH DEN GESCHLECHTSVERKEHR. MEIN PARTNER VERHÄLT SICH DAGEGEN PASSIV. LÄSST SICH DAS IRGENDWIE ÄNDERN?

In einer gerechten Welt hätten Sie Ihren Partner längst erfolgreich auf Schadenersatz in Millionenhöhe verklagt und wären nach Kalifornien durchgebrannt, um sich dort Ihren Lebenstraum zu erfüllen: von morgens bis abends sexuelle Angebote ablehnen. Leider leben wir in einer Welt, in der Träume Träume sind und es auch bleiben. Sie werden auch weiterhin an der Schlafzimmertür Ihres Partners kratzen, wimmernd, er möge Ihnen doch wenigstens einen abgeschnittenen Zehennagel zur ausgiebigen Liebkosung überlassen. Vielleicht tröstet Sie die Tatsache, dass eine derartige Rollenverteilung in jeder Paarbeziehung vorherrscht. Was Sie daran stört, ist doch bloß, dass Sie die Arschkarte des Partners gezogen haben, der mehr begehrt als der andere. Diese Rollenverteilung wird sich mit Ihrem derzeitigen Partner vermutlich nicht mehr ändern. Wenn Sie in Zukunft wirklich der Begehrtere in Ihrer Beziehung sein wollen, dann gehen Sie halt mit der fettärschigen Brillenschlange aus. So einfach ist das.

MEIN PARTNER HAT WÄHREND UNSERER BEZIEHUNG DEUTLICH AN GEWICHT ZUGELEGT. WIE KANN ICH IHM VERMITTELN, DASS SEIN ANBLICK MITTLERWEILE NICHTS ALS EKEL IN MIR HERVORRUFT?

Handelt es sich um eine Partnerin: Prüfen Sie, ob sie trächtig ist. In diesem Fall sind Sie möglicherweise mitverantwortlich für das unappetitliche Aufblähen Ihrer einstigen Traumfrau und sollten Nachsicht walten lassen. In einigen Monaten wird sich ein zweiter, kleinerer Körper vom Urkörper abkapseln, um dessen Volumen sich letzterer dann logischerweise verkleinert. Wenn sich die ursprüngliche Attraktivität der Partnerin auch nie ganz wiederherstellen lassen wird, so lässt dieser Vorgang auch mit bloßem Auge eine deutliche Verbesserung der optischen Verhältnisse erkennen. Oft schwellen sogar die elefantös aufgequollenen Füße wieder auf normalen Umfang ab. Kann eine Schwangerschaft hingegen sicher ausgeschlossen werden (wie beispielsweise bei Männern), wurde dieser inakzeptable Zustand offenbar durch reine Nachlässigkeit herbeigeführt. Der grauenhafte Anblick seines aus dem Leim gegangenen Körpers, die Selbstverständlichkeit, mit der er sich gierig säckeweise Pommes frites in den Mund schiebt und weiterhin Zärtlichkeiten von Ihnen einfordert, all das ist eine einzige Beleidigung. Und Sie zögern, ihm zu sagen, dass Sie sich keine sexuelle Interaktion mehr mit ihm vorstellen können? Das beweist nur, was für eine reizende, sensible Person Sie im Gegensatz zu Ihrem Partner sind. Entweder Sie ziehen in Betracht, ihn deutlich zur Räson zu rufen, oder Sie verlassen dieses Scheusal. Wie das funktioniert, lesen Sie ab Seite 98.

SOLLTE WÄHREND DES VERKEHRS DAS LICHT BRENNEN?

Wer seinen Sexualpartner im Schlafzimmer nicht unnötig beschämen möchte, montiert besser seinen 1000-Watt-Halogenstrahler von der Decke. Um die Konturen eines Körpers optimal zur Geltung zu bringen, genügt Kerzenlicht. Lichtquellen, die über eine Funzel hinausgehen, fördern unschöne Details zutage, die bei einer Vereinigung zweier Körper nur hinderlich wären: Unreinheiten des Teints, geplatzte Äderchen, Härchen, Fältchen und sonstige Unebenheiten und Ungereimtheiten, Rätsel und Seltsamkeiten des Mysteriums Körper. Andererseits: Völlig im Dunkeln sollte der Verkehr auch nicht stattfinden, denn dass grobe Schönheitsfehler Ihnen die Lust am Geschlechtsverkehr vermiesen, hat schon seinen Grund.

IST FLIRTEN IM INTERNET BETRUG AM REALEN PARTNER?

Ja. Vorausgesetzt, Sie haben am Anfang Ihrer Beziehung mit Ihrem Partner Folgendes besprochen: »Jeglicher erotischer Austausch mit Individuen außerhalb der Partnerschaft, sei er verbal, virtuell, telepathisch oder auf zum gegenwärtigen Zeitpunkt noch unbekannten technischen Wegen, ist strengstens untersagt. Komprimiert ausgedrückt: Sexuelle Energie darf sich grundsätzlich nur auf meine Person beziehen, sonst setzt es was.« Fand ein solches Gespräch nie statt, gilt in Ihrem Hause wahrscheinlich nur die Regel, niemand anderen außer Ihrem Partner bespringen zu dürfen, was? Dann dürfte sich Ihr Partner also nur beschweren, wenn Sie entgegen Ihrer Abmachung auch realen Geschlechtsverkehr mit »Horny_Ochse69« praktizieren. Das bedeutet natürlich nicht, dass Ihr Partner nicht im großen Stil auf die Barrikaden geht, wenn er durch einen Zufall von Ihrem E-Mail-Verkehr erfährt. Aber was erwartet er von Ihnen? Dass Sie Ihre gesamte Sexualität auf ihn fokussieren? Dass Sie ihn in Hermelin hüllen und »Eure Hoheit« nennen? Die Hinweise darauf verdichten sich.

SOLLTE ICH MICH EINER INTIM-OP UNTERZIEHEN?

Sie sind also der Meinung, dass Ihr Intimbereich keinem anderen Menschen zugemutet werden kann? Na, na, na. Vielleicht unterschätzen Sie die Leidensfähigkeit anderer da ein bisschen. Wenn es das Gesicht

Helmut Kohls jahrzehntelang auf die Titelseiten populärer Nachrichten-
magazine schaffen kann, dann können Sie doch wohl im Halbdunkeln
die Hose ausziehen! Hinzu kommt: Während Sie Ihren Schritt bei
direktem Badezimmerlicht und in einem Zustand klaren Bewusst-
seins betrachten, präsentieren Sie diesen Bereich anderen ja wohl eher,
während die sich in einem Delirium sexueller Ekstase befinden. Eine
Intim-OP ist also eher unsinnig. Ein angemessenerer Eingriff wäre ein
Intim-Tattoo mit den Worten »Deal with it«.

SOLLTE MAN MIT DEM PARTNER ÜBER SEXUALITÄT SPRECHEN? UND WENN JA, WIE?

Über Geschlechtsverkehr zu sprechen ist den meisten Menschen unangenehm – vor allem mit dem Menschen, mit dem man ihn praktiziert.
Eine kritische Nachbearbeitung der Geschehnisse, eine offene Ein-
schätzung, Verbesserungsvorschläge, alles, was als Beifahrer vollkommen
normal ist, scheint als Sexualpartner verpönt. Dafür gibt ein Großteil
der Menschheit folgende Begründung zu Papier: Spreche man über
den Geschlechtsverkehr, gehe sein Zauber verloren. Beispielsweise der
Zauber Ihrer immer wieder spektakulär scheiternden Versuche, Ihrem
Partner einen Orgasmus zu verschaffen? Experten raten dringend zur
Kommunikation, allerdings ausschließlich positiv formuliert. Ein Satz
wie »Mensch, machen Sie doch noch mal das mit der Hand, das hatte
einen vergleichsweise erfreulichen Effekt« kommt demnach besser an als
»Wird das heute noch was?«. Erklären Sie Ihrem Partner ungefragt, dass
er ein fantastischer Liebhaber ist, vor allem in dieser und jener Stellung.
Die übrigen 80 Prozent Ihres Liebeslebens lassen Sie der Höflichkeit
halber unter den Tisch fallen. Und hoffen, dass er es Ihnen gleichtut.

KANN ICH ES VERMEIDEN, BEIM VERKEHR AUSZUSEHEN, ALS SEI ICH VOM TEUFEL BESESSEN? ICH MÖCHTE SCHLIESSLICH ATTRAKTIV AUF MEINEN SEXUALPARTNER WIRKEN.

Verständlich. Und Perfektion ist möglich: Verhindern Sie einfach die Momente, in denen der Teufel Besitz von Ihnen ergreift! Sie erkennen ihn an Ihrem gesteigerten sexuellen Verlangen und einem schleichend einsetzenden Kontrollverlust. Konzentrieren Sie sich dann auf das Kreuz, das über Ihrem Bett hängt oder das Bild der Jungfrau Maria, der heiligen Mutter Gottes, gebenedeit ist sie unter den Frauen, und gebenedeit ist die Frucht ihres Leibes. Das macht Sie scharf? Nun. Dann lieber nicht. Andererseits: Überlegen Sie doch mal: Ist Schönheit in diesem Moment nicht vielleicht etwas ganz anderes als rein äußerliche Attraktivität? Vielleicht ist Schönheit in einem solchen Moment auch: Ein verzerrter Mund, dem Speichel aus dem Winkel tropft. Irr umherrollende Augen unter flatternden Lidern. Zerzaustes Haar. Ein Körper, der sich aufbäumt und unter Spasmen windet. Verkrampfte Finger, die

„O-H J-A B-A-B-Y"

in einen Sprachcomputer tippen.

BIN ICH EINE SCHLAMPE, WENN ICH MIT VIELEN VERSCHIEDENEN SEXUALPARTNERN VERKEHRE?

Ansichtssache. Wenn es Ihnen gefällt, mit vielen verschiedenen Menschen zu verkehren, wenn Ihnen aber nicht gefällt, dass Sie schief dafür angesehen werden, dann sollten Sie sich mit Menschen umgeben, die Sie nicht schief dafür angucken. Mit anderen Worten: mit anderen Schlampen. Dann können Sie bei Sexualpartnermangel auch gleich aufeinander zurückgreifen. Aber etwas anderes hatten Sie vermutlich sowieso nicht im Sinn.

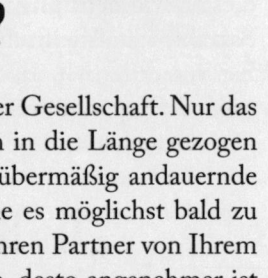

SOLLTE ICH MEINEN ORGASMUS HINAUSZÖGERN?

Zeitersparnis ist eines der höchsten Güter unserer Gesellschaft. Nur das Geschlechtsleben eines Menschen soll künstlich in die Länge gezogen werden. Doch in den meisten Fällen stellt die übermäßig andauernde Stimulation eine schmerzhafte Prozedur dar, die es möglichst bald zu beenden gilt. Beispiel: Oralverkehr. Je eher Sie Ihren Partner von Ihrem Fortpflanzungsorgan in seiner Luftröhre erlösen, desto angenehmer ist ihm die ganze Angelegenheit – und er wird vielleicht sogar bereit sein, diese Aktivität in Zukunft noch einmal zu wiederholen. Auch für den vaginalen/analen Verkehr genügen, sofern Sie nicht gerade an der Produktion eines Erotikfilms mitwirken, schon wenige Minuten. Trainieren Sie die Verzögerung oder Beschleunigung Ihres Höhepunkts regelmäßig, damit Sie Ihrem Partner, wenn es ernst wird, keine Unannehmlichkeiten bereiten.

WIE BITTET MAN SEINEN PARTNER ANGEMESSEN UM EINEN BLOWJOB?

Jemanden zu bitten, etwas in den Mund zu nehmen, ist der falsche Ansatz. Es macht misstrauisch. Schon in unserer Kindheit haben wir gelernt: Gebeten wird man höchstens bei Rosenkohl. Nicht jedoch bei Schokotörtchen. Die schiebt man sich gern auch ohne vorangegangenes Gebettel zwischen die Zähne. Und genauso sollte es auch mit Ihrem Geschlechtsteil gehandhabt werden. Im ersten Schritt müssen Sie überzeugend darlegen, dass Ihr Genital nicht einfach ein Genital, sondern vielmehr einen exquisiten Gaumenschmaus darstellt, die Pilgerstätte aller Intimgourmets. Reinigen und frisieren Sie Ihren Schoß daher mit größter Sorgfalt. Und geizen Sie mit seinen Reizen. Erklären Sie Ihrem Partner, dass er gewisse Voraussetzungen erfüllen muss, sollte er wünschen, oral mit dem König der Körperteile in Kontakt zu treten, Zärtlichkeit, Respekt, Achtung zum Beispiel. Diese Unnahbarkeit wird Ihr Geschlechtsorgan schlagartig in einem ganz anderen, deutlich begehrenswerteren Licht erscheinen lassen, im Licht eines Schokotörtchens nämlich. Und wahrscheinlich lohnt es sich, dem Partner schon zum nächsten Weihnachtsfeste ein paar schicke Knieschoner unter den Tannenbaum zu legen.

11

SÄTZE,
DIE
SEXUALPARTNER
GERNE
HÖREN

1 SEX

OH ♥ NE

LIEBE

KOMMT FÜR MICH NICHT INFRAGE.

Wer diesen Satz sagt, trifft eine enge Auswahl, was seine Sexualpartner betrifft. Nur jemand, für den Sie bedingungslos Ihr Leben geben würden, darf Ihnen in die Unterhose fassen. Mit diesem Statement suggerieren Sie Ihrem Partner also, dass die Prozentzahl der filzbelausten Junkies, über die Sie ebenso grunzend hergefallen sind wie eben über ihn, kleiner ausfällt als bei so manch anderem Gesellen. Das Resultat: Er wird es als Kompliment auffassen, nun Teil dieses exquisiten Clubs zu sein, und muss nie erfahren, dass Sie eigentlich meinten: »Liebe ohne Sex kommt für mich nicht infrage.«

2

ICH FINDE,

♥

EROTIK

IST ETWAS,

DAS SICH ERST AB EINEM GEWISSEN ALTER ENTFALTET.

Natürlich sind Sie der Meinung, dass sich Erotik erst ab einem gewissen Alter entfaltet. Und zwar ab siebzehn. In Gegenwart verblühter Schönheiten schickt es sich jedoch nicht, hier konkrete Angaben zu machen. Sollte die Gesellschaft weitere Ausführungen von Ihnen erwarten, fahren Sie mit vergleichbarem Quark fort, beispielsweise mit: »Es erfordert einfach eine gewisse Reife, sich in seinem Körper wohl zu fühlen, sich selbst anzunehmen.« Die Zustimmung, wahrscheinlich sogar die den Tod überdauernde Liebe aller Ü40er ist Ihnen gewiss.

3 ♥ SIE HABEN SCHÖNE FÜSSE.

In unseren Breitengraden gibt es nicht viele Gelegenheiten, seine Füße zu zeigen. Dementsprechend sehen sie auch aus. Die größte Form der Höflichkeit, die man einem Sexualpartner erweisen kann, ist es, die Socken anzubehalten. Zieht derjenige sie allerdings ungefragt aus, sollte man ihm ein Kompliment machen, welches dem Fußträger das Gefühl gibt, ganzheitlich akzeptiert zu werden. In Wahrheit ist natürlich das Gegenteil der Fall. Sie können nur hoffen, dass Ihnen dieser taktlose Mensch Ihre sexuelle Vorliebe für hautfarbene Füßlinge abkauft, die Sie ihm demnächst eröffnen werden.

4 ICH HATTE VOR IHNEN ERST ZWEI PARTNER.

Diese Aussage funktioniert nach einem ähnlichen Prinzip wie Punkt 1 (»Sex ohne Liebe kommt für mich nicht infrage.«). Als Dritter wähnt man sich in einem exklusiven Club. Doch die »zwei Sexualpartner«-Lüge hat noch einen weiteren Vorteil: Sie müssen sich keine Mühe geben. Man wird ihr hilfloses Hantieren Ihrer mangelnden Erfahrung zuschreiben und gedanklich beschließen, häufiger mit Ihnen zu üben.

5 SIE SIND DER BESTE, DEN ICH JE HATTE.

Wären die Menschen nicht so hoffnungslos optimistisch, müsste hier wirklich jeder misstrauisch werden: Sogar in dem unwahrscheinlichen Fall, dass Sie wirklich nur zwei Partner vor dem Aktuellen hatten, stehen die Chancen 1 : 3, dass gerade er auf dem Siegertreppchen ganz oben steht. »Und die Bronzemedaille geht an ...« Halt. Es wäre nicht nur unhöflich, sondern auch ein grober Fehler, das zu kommunizieren. Lob ist bekanntlich die beste Motivation für Menschen, die im Bett notorisch versagen.

6

SELBSTBEFRIEDIGUNG? SEIT ICH SIE KENNE, BRAUCHE ICH DAS NICHT MEHR.

Sie ist weich und manchmal hart. Sie gibt Geborgenheit, ist so vertraut, weiß genau, wie man sie spüren will. Ist immer für einen da. Ihre Hand. Abgesehen davon kann Ihnen keiner so routiniert einen runterholen. Auch nicht Ihr Partner. Eine Tatsache, die, einmal ausgesprochen, ein sexuelles Selbstwertgefühl zerstören kann. Um niemanden zu verletzen, sollten Sie peinlichst darauf achten, nichts durcheinanderzubringen. Zu Ihrer Hand müssen Sie natürlich sagen: »Sex? Seit ich dich kenne, brauche ich das nicht mehr.« So ist es gut.

7 IST DAS ETWA ALLES ECHT?

Anwendbar, wenn die Zielperson ein Dekolleté vorweisen kann. Spielen Sie den fassungslosen Bewunderer, auch wenn ihre Brüste dazu neigen, auf dem Boden zu schleifen oder sich ineinander zu verheddern wie ein Hefezopf. Stemmen Sie die Hände in die Hüften und geben Sie sichtlich verblüfft folgende Erklärung ab: »Gerlinde. Perfektion in diesem Ausmaß ist in der Natur äußerst selten. Geben Sie es zu, Sie haben mit Silikon nachgeholfen!« Die Zielperson wird versuchen, ihr Grinsen zu unterdrücken, alles abstreiten und sich umso wohler fühlen, während Sie ihren Busen massieren, angestrengt grübelnd, wie Sie hier am besten rauskommen.

8 SIE ♥ SCHMECKEN SO GUT!

Menschen, die sich von Ananas ernähren, sollen Untersuchungen zufolge wohlschmeckendere Körperflüssigkeiten vorweisen können. Die meisten von uns aber meiden Menschen, die sich ausschließlich von Ananas ernähren, aus Merkwürdigkeitsgründen. Es ist also in aller Regel davon auszugehen, dass die Sekrete, die Ihre Sexualpartner absondern, schlichtweg widerwärtig sind. Kein freier Mensch sollte gezwungen werden, sich das einzuverleiben. Aber wenn man sich dazu entscheidet, es zu tun, ist Konsequenz gefragt. Und das bedeutet, Daumen und Zeigefinger an die verschmierten Lippen zu legen und zu rufen: »Mon amour – Ihr süßer Nektar, einfach köstlich!«

9

MAKELLOSE
MENSCHEN
FINDE
ICH
UNINTERESSANT.

Hier sind wir nur zwei Buchstaben von der Wahrheit entfernt: »Makellose Menschen finden mich uninteressant. Und deswegen sitze ich hier mit, nun ja, dir.« Diesen traurigen Umstand wollen wir weder uns selbst noch unserer Begleitung eingestehen. Ist das Leben nicht geradezu okayish, wenn wir vorgeben, uns bewusst für diese Situation entschieden zu haben, also ganz bewusst von Katalogmodellen abgewandt zu haben? Nicht direkt, aber in Verbindung mit Medikamenten lindert es die immer wiederkehrenden Weinkrämpfe.

10

WAS ZWISCHEN UNS PASSIERT, GEHT NUR UNS ETWAS AN.

Einem anderen Menschen seine Geschlechtsteile zu präsentieren, ist nicht weniger als ein Vertrauensbeweis. Dass dieser Mensch danach die Clique durchtelefoniert und jedem von der geschlechtlichen Fehlbildung berichtet, die er gerade mit eigenen Augen sah, das übersteigt unsere Vorstellungskraft. Möglich, dass der oben genannte Satz daran nicht ganz unschuldig ist. Bei näherer Betrachtung hat dieser charmante Bluff jedoch nur Vorteile: Ein Partner wiegt sich in Sicherheit, während der andere sich vor seinen Freunden mit schreiend komischen Anekdoten aus der Welt des Unterleibs rühmen kann.

11

OH, MEIN GOTT, IST DER

GROSS

Lobende Ausrufe zum Thema Geschlechtsteil kommen einfach nie aus der Mode.

GENUG
IST

GENUG

DER GEPFLEGTE
KONTAKTABBRUCH

Egal, ob Langzeitbeziehung oder Sexaffäre: Eine Trennung ist eine Beleidigung, der schmerzhafteste Weg, einem Noch-Partner seine Unvollkommenheit als Mensch vor Augen zu führen. Ein Desaster für alle Beteiligten. Der Verlassende verflucht die Vergangenheit, die er mit dieser affigen Figur verbracht hat, in der irrigen Annahme, sie reiche an seine eigene gottgleiche Erscheinung heran; der verlassenen Person wird erstmals offiziell bestätigt, was sie schon immer geahnt hatte: Ihrem Partner in Sachen Gottgleichheit deutlich unterlegen zu sein. Wer seinen zukünftigen Ex-Partner zusätzlich demütigen möchte, wählt aus Anlass der Trennung Worte wie: »Es tut mir doch genauso weh wie dir.«, »Es liegt nicht an dir, es liegt an mir.«, »Ich bin einfach nicht gut genug für dich.« oder »Ich bin momentan nicht bereit für eine Beziehung.« Mit Phrasen wie diesen erklären Sie Intelligenz, Zurechnungsfähigkeit und den sozialen IQ des Adressaten als praktisch nicht existent. Denken Sie darüber nach, ob Sie, trotz aller Enttäuschung über seine Entpuppung als Schwachsinniger, noch genug Güte in sich finden, die Trennung ein wenig angenehmer zu gestalten. Es folgen die drei Wege der stilvollen Separation. Wählen Sie Ihren.

DIE EVENT-TRENNUNG

Momente, in denen sich eine Beziehung zwischen zwei Menschen verändert, werden in vielen Fällen pompös zelebriert. Sei es die Verkündung des Schwangerschaftstest-Ergebnisses, ein Heiratsantrag oder der Schwur, sich ewig treu zu bleiben – Paare scheuen oftmals weder Kosten noch Mühen, um sich derartige Botschaften in einem entsprechenden Rahmen zu vermitteln. Nur die Nachricht der Trennung wird meist in einem unangemessen tristen Ambiente verkündet. Um dem Wunder der erloschenen Leidenschaft gerecht zu werden, empfiehlt es sich jedoch ebenfalls, eine stilvolle Abschiedszeremonie zu inszenieren, die dem Partner einen würdigen Abgang ermöglicht. Dabei sind verschiedenste Szenarien denkbar.

Überraschen Sie Ihren Partner mit einem Kurztrip nach Paris! Bummeln Sie an der Seine entlang, erklimmen Sie den Eiffelturm, betrachten Sie die Mona Lisa im Louvre. Beim Dinner am letzten Abend bestellen Sie Champagner und deuten an, dass Ihnen etwas sehr Wichtiges auf dem Herzen liegt. Unterrichten Sie Ihren Partner darüber, dass er den Rückflug am nächsten Morgen allein antritt, damit Sie sich bei Ihrer Ankunft drei Tage später nicht mehr mit seinen albernen Habseligkeiten konfrontiert sehen müssen. Touché.

Pflanzen Sie Blumen im Garten! Für Exverliebte mit flexiblem Trennungsdatum: Schneiden Sie Buchstaben aus Pappe aus, und pressen Sie sie in der Reihenfolge »ES IST AUS!« in die Erde. Säen Sie Samen in die Vertiefung, gießen Sie regelmäßig und erfreuen Sie sich im Frühling nicht nur an den ersten Sonnenstrahlen, sondern auch an der floralen Botschaft, die Ihnen die Freiheit schenkt.

Arrangieren Sie einen Tandem-Fallschirmsprung! Wählen Sie den Platz hinter Ihrem Partner, und sprechen Sie ihm kurz vor dem Absprung aus dem Flugzeug die Worte ins Ohr: »Sobald wir gelandet sind, sind wir geschiedene Leute.« So wird der freie Fall Ihres zukünftigen Expartners zusätzlich zum beeindruckenden Symbol seines Lebens ohne Sie.

....

Nur für Verheiratete: Backen Sie Ihrem Gatten/Ihrer Gattin leckere Schokotörtchen – und verstecken Sie Ihren eigenen Ehering darin! Verdutzt wird Ihr Partner auf etwas Hartes beißen und Ihr schokoladenverklebtes Schmuckstück aus der Backentasche hervorspeien. Wedeln Sie vielsagend mit Ihrem nackten Ringfinger und eröffnen Sie Ihrem Ehepartner, dass Sie sich bereits mit einem Scheidungsanwalt in Verbindung gesetzt haben.

....

Vermitteln Sie die Botschaft über eine Zeitung! Einmal nur in den Medien sein, für einen Moment berühmt sein, von allen gesehen werden – welcher Mensch wünscht sich das nicht? Erwerben Sie einen Anzeigenplatz in der Lieblingszeitschrift oder -zeitung des Partners. So tun Sie – ganz nebenbei – sogar noch etwas Gutes für die Ärmsten der Armen: Großverlage. Schicken Sie der Redaktion ein Foto Ihres Partners, und garnieren Sie es mit der eindeutigen Botschaft, hiermit das Ende Ihrer qualvollen Zweisamkeit auszurufen. Vorteil: Mit dieser Methode sind auch gleich Freunde und Familie informiert. So ersparen Sie Ihrem Expartner peinliche Erklärungen, die bekanntlich oft das Schrecklichste an einer Trennung sind.

....

TRENNUNG PER SMS

Eine Beziehung per SMS zu beenden, galt lange als unfein. Doch mittlerweile hat selbst die Deutsche Knigge Gesellschaft eingeräumt, dass eine Kurzmitteilung genügen kann, um das Ende einer Beziehung zu kommunizieren. Doch SMS ist nicht gleich SMS. Form, Tonalität und Wortwahl entscheiden, wie verletzend ein solcher Abschied für den Empfänger ist. Was Ihr Partner in jedem Fall verdient hat, ist Ehrlichkeit. Dem Anlass angemessen, sollten Sie sich jedoch sichtlich Mühe mit der Formulierung geben. Und was könnte sich besser eignen, einer unangenehmen Botschaft einen versöhnlichen Klang zu geben, als Poesie?

GRUND FÜR DIE TRENNUNG:

Sie sind in einer heterosexuellen Beziehung,
haben jedoch erkannt, schwul zu sein.

SMS:

Ich mag Streisand, Köln und Tanz
Und wenn du Sex willst, sag ich nein.
Der Fall ist klar: Ich steh auf Schwanz.
Fortan wollen wir Freunde sein.

GRUND FÜR DIE TRENNUNG:

Sie sehen keine Zukunft in Ihrer Beziehung und möchten wieder frei sein.

SMS:

Kinder, Haus und Trauringe,
Das hättest du sehr gern.
Da bist du wohl der Einzige.
Halt dich in Zukunft von mir fern.
(einstw. Verfügung: Mind.-Abstand 100 Meter)

GRUND FÜR DIE TRENNUNG:

Sie sind fremdgegangen und sind von Ihrer Affäre schwanger.

SMS:

Ich tat's mit einem Gigolo
Jetzt ist in mir ein Embryo!
Dir muss ich jetzt den Laufpass geben
Schon Pläne für dein Single-Leben?

GRUND FÜR DIE TRENNUNG:

*Ihnen gehen die sadomasochistischen Tendenzen
Ihres Partners auf die Nerven.*

SMS:

Du liebst die Qual, Folter und Leid
Mit Rohrstock, Faust und Peitschenhieben
Heute schmerzt die Ehrlichkeit:
Hab keinen Bock mehr, dich zu lieben.

GRUND FÜR DIE TRENNUNG:

Ihr Partner hat sich zu seinen Ungunsten verändert.

SMS:

Früher warst du hot as hell
Ich liebte dich, ganz offiziell.
Doch du bist plötzlich blöd geworden.
Es ist aus, wir sehen uns morgen*.
*nicht

GRUND FÜR DIE TRENNUNG:

Sie müssen beruflich ins Ausland ziehen, und eine Fernbeziehung kommt für Sie nicht infrage.

SMS:

Gute Nachricht: Ich werd reich!
Ich mache jetzt Karrier'!
Mein Posten ist im Frankenreich,
und du bleibst besser hier.

GRUND FÜR DIE TRENNUNG:

Ihre Freunde mögen Ihren Partner nicht.

SMS:

Anja, Peter, Isabelle,
Thorsten, Kati, Daniel,
meine Freunde hassen dich
Und nun tue das auch ich.

GRUND FÜR DIE TRENNUNG:

Sie haben von einer dritten Person erfahren, dass Ihr Partner Sie betrügt.

SMS:

Du verf****** Dreck****, wenn ich dich finde, schneid ich dir verd****
noch mal den S***** ab, du besch****** H****sohn!!! (Rilke)

TRENNUNG OHNE TRENNEN: SO UMGEHEN SIE DAS GROSSE GESPRÄCH

Eine Beziehung zu beenden, egal ob emotionaler oder rein sexueller Natur, ist oft mit unangenehmen Gefühlen verbunden. Natürlich nur, wenn man es tut. Es gibt allerdings auch Wege, einen Partner zu verlieren, die mit einem klärenden Gespräch rein gar nichts zu tun haben. Vielmehr peilen folgende Aktivitäten direkt das Intoleranz-Zentrum des Partners an, mit dem Ziel, dass er selbst die Reißleine zieht. So sorgen Sie dafür, dass dieser Mensch Ihnen nie wieder zu nahe kommt, ohne es ihm ins Gesicht sagen zu müssen. Denn das kann gerade psychisch labile Menschen schnell in gewaltbereite Amokläufer verwandeln. Damit Ihr Partner besser mit der Trennung zurechtkommt, sorgen Sie lieber dafür, dass er Sie aus freien Stücken verlässt.

FÜR MÄNNER:

- *Fügen Sie Ihrem Bücherregal einen Bettnässer-Ratgeber für Erwachsene hinzu.*
- *Sagen Sie, dass Sie sehr wohl Kinder bekommen möchten, aber erst wenn Ihre Therapie beendet ist, denn Sie würden die Kleinen nie in Gefahr bringen wollen.*
- *Fragen Sie sie, ob es in Ordnung wäre, einen Abend in der Woche mit Ihrer Ex zu verbringen.*
- *Schenken Sie ihr zum Valentinstag eine Tube Bleichcreme für Gesichtshaar.*
- *Sagen Sie: »Ehen zwischen Verwandten werden zu Unrecht verurteilt. Meine Eltern waren Cousin und Cousine – und ich bin komplett normal!« Zucken Sie mit dem Auge.*

- *Leihen Sie ihr Ihr Lieblingsbuch: Marquis de Sades »Die 120 Tage von Sodom«.*
- *Nennen Sie sie in einem Moment der Leidenschaft »Mami«.*
- *Erklären Sie, 30.000 Euro Schulden zu haben. Aber mit ihrer Unterstützung würden Sie das eines Tages schon irgendwie wieder hinkriegen.*
- *Rufen Sie sie alle zwanzig Minuten bei der Arbeit an, um ihr zu sagen, dass Sie an sie denken.*
- *Fragen Sie sie, ob sie etwas dagegen hätte, wenn Sie hin und wieder Kleider und Strümpfe von ihr tragen würden – natürlich nur im Haus!*
- *Kratzen Sie sich kontinuierlich. Erklären Sie, dass der Dermatologe gesagt hat, dass es nicht ansteckend ist, solange niemand in Berührung mit Ihren Hautschüppchen kommt.*
- *Setzen Sie sich auf die Toilette und kneifen Sie angestrengt die Augen zusammen, während sie sich gerade die Zähne putzt.*
- *Erklären Sie, dass alle Ihre Freunde Sie für schwul gehalten haben und Sie sehr froh sind, jetzt eine Freundin zu haben. Versäumen Sie nicht, ihr mitzuteilen, dass ihr eine Kurzhaarfrisur ganz hervorragend stehen würde. Fragen Sie, ob sie Analsex in Betracht ziehen würde.*
- *Entwickeln Sie eine obsessive Vorliebe für abgedroschene Witze, und erklären Sie sie. »Kommt 'ne Frau beim Arzt ... Also, nicht zum Arzt, sondern beim. Verstehste?«*
- *Überraschen Sie sie mit einem Romantik-Wochenende in ... Bitten Sie sie zu raten. Nachdem Sie Paris, London, New York und die Seychellen verneint haben, rufen Sie: »Bei meinen Eltern im Schwarzwald!«*
- *Nennen Sie sie »Liebling« beim Sex und »dreckige Hure« an der Supermarktkasse.*
- *Erklären Sie ihr, dass Sie beschlossen hätten, ihr eine echte Chance zu geben.*
- *Tragen Sie Hausschuhe in Form von Dinosaurierfüßen.*
- *Erklären Sie ihr, dass Sie noch Jungfrau sind. Nicht aus*

religiösen oder ideologischen Gründen. Einfach aus Mangel an
Gelegenheiten.

- *Unterbrechen Sie ihren Monolog über ihre Gefühle, um einen*
  Scherz zu wiederholen, den Sie letzte Woche im Büro gemacht
  haben, und zu erklären, wie witzig Ihre Kollegen Sie finden.
- *Hauen Sie ihr Haustier.*
- *Sagen Sie:* »*Geschminkt finde ich dich am schönsten.*«
- *Fragen Sie sie nach jedem Kuss, ob sie Knoblauch gegessen hat.*

FÜR FRAUEN:

- *Rufen Sie seine Mutter an, und ziehen Sie sich dann zwinkernd*
  in ein anderes Zimmer zurück.
- *Schlagen Sie nach drei Monaten eine Paartherapie vor.*
- *Hinterlassen Sie ihm jeden Morgen eine Grußbotschaft mit*
  Herz- und Sternsymbolen auf seinem Facebook-Profil.
- *Erzählen Sie ihm, dass Sie schon lesbische Erfahrungen gesam-*
  melt haben. Den Umschnalldildo hätten Sie sogar noch.
- *Kontaktieren Sie alle seine Exfreundinnen und organisieren Sie*
  einen witzigen Mädelsabend.
- *Kaufen Sie dieselbe Multifunktionsjacke für sich und für ihn.*
- *Beginnen Sie, Porzellanpuppen zu sammeln.*
- *Schenken Sie ihm eine Penispumpe und erklären Sie ihm,*
  gehört zu haben, dass damit zwei bis drei Zentimeter Wachstum
  möglich seien. Besser als nichts.
- *Erwerben Sie einen Chihuahua und lassen Sie ihn bei*
  sich im Bett schlafen.
- *Geben Sie an, frutarisch zu leben und sich demnach aus-*
  schließlich von pflanzlichen Produkten zu ernähren, die nicht
  die Zerstörung der Pflanze zur Folge haben. Alle anderen
  Ernährungsformen seien aus ethisch-moralischen Gründen
  abzulehnen, weswegen Sie davon ausgehen, dass er sich Ihrem
  Lebensstil anpasst.

- *Spätestens beim dritten Date: Erzählen Sie ihm, dass all Ihre Freundinnen schon verheiratet sind und Kinder haben. Greifen Sie nach seiner Hand und erhöhen Sie den Druck kontinuierlich, während Sie ihm zwei Minuten lang ohne zu zwinkern in die Augen sehen.*
- *Flüstern Sie ihm beim Geschlechtsverkehr kurz vor seinem Höhepunkt ins Ohr: »Ich hab dich ganz doll lieb, Mäuschen.«*
- *Gestehen Sie, dass Sie in letzter Zeit immer öfter an ihn denken müssen, wenn Sie mit Ihren Freiern schlafen.*
- *Sagen Sie ihm, dass Ihre beste Freundin gesagt hat, das mit der Impotenz wäre ihrem Freund auch schon mal passiert, aber nur einmal und nicht dreimal.*
- *Flüstern Sie ihm zu, dass Sie im Bett total auf »Talk« stehen, das sei wie »Dirty Talk«, nur ohne sexuelle Inhalte.*
- *Fragen Sie ihn nach seinen Wohnungsschlüsseln, Sie würden sie nur schnell zum Nachmachen bringen.*
- *Beginnen Sie ohne Absprache mit Hochzeitsvorbereitungen. Lassen Sie dreißig Kaffeetassen mit einem herzförmigen Foto von Ihnen beiden bedrucken, und schicken Sie sie in seine Firma.*
- *Stehen Sie neben ihm und verbessern Sie ihn, egal, was er gerade tut.*
- *Melden Sie ihn bei einem Handy-Ortungsdienst an, und erklären Sie, wenn er sich dagegen sperre, sei es eindeutig, dass er etwas zu verbergen hätte.*
- *Äffen Sie ihn mit verstellter Stimme nach, wann immer er über seine Gefühle spricht.*
- *Sprechen Sie von ihm nur in der dritten Person, auch mit ihm.*
- *Fragen Sie seine Eltern, ob er als Kind auch schon so ein besonderes Verhältnis zu Leder hatte.*
- *Lassen Sie sich dabei erwischen, wie Sie mit einer Nadel Kondomverpackungen durchstechen.*

INTERNATIONAL AFFAIRS

INTERNATIONAL
AFFAIRS

....

HINWEISE
FÜR
VIELREISENDE

Dieser Ratgeber wurde als Leitfaden
für geschlechtlich aktive Menschen
konzipiert, die es vermeiden möchten,
sich im Intimleben mit anderen die
sprichwörtliche Blöße zu geben. Der
kultivierte Bumsbuchleser ist logischer-

weise ein vielbeschäftigter Globetrotter, der aufgrund seines Weltenbürgertums gezwungen ist, sein Intimleben über die Staatsgrenzen hinaus auszuweiten. Gerade auf internationalem Terrain trifft man jedoch häufig auf Menschen ausländischer Herkunft, die oft auch noch einer vollkommen anderen Kultur entspringen! Teilweise vertreten diese Personen geradezu absurde Ansichten, was den sexuellen Verkehr betrifft. Immer wieder führen binationale Begegnungen daher zu Diskrepanzen, da die Unterschiede zwischen den Kulturen in der Öffentlichkeit kaum thematisiert werden. Dieses Kapitel stellt eine erfrischende Ausnahme dar – und ist daher gerade auf Reisen unentbehrlich.

FRANKREICH

Land und Leute:

Die Hauptstadt, Paris, wird »Stadt der Liebe« genannt, doch unter Liebe wird an diesem Ort nur eines verstanden: Geschlechtsverkehr, und zwar der maßlosen Sorte. Frankreich ist seit seiner Existenz bewohnt von Koitusbesessenen, Kondome werden hier derart verschwenderisch gebraucht, dass sie sogar in Deutschland Pariser genannt werden. Das französische Nationalsymbol ist ja auch der Hahn, franz. Coq, engl. Cock, dt. Pimmel und »französisch« das Synonym für Sex mit dem Mund, mit der Zunge, den Lippen, und genau davon kann der Franzose nicht genug bekommen; selbst sein Brot presst er, Untertan seiner überschäumenden Libido, in die Form eines riesigen Phallus, um es sich anschließend bis zum Anschlag in den Rachen zu rammen. Aus Frankreich kommen einige der attraktivsten Menschen der Welt: Brigitte Bardot, Laeticia Casta, Alain Delon, Lolo Ferrari. Auch aufgrund dieser Sexsymbole genießen Franzosen und Französinnen weltweit einen Ruf als Koryphäen des Beischlafs, gleichzeitig jedoch auch als arrogante Amphibienfresser und Nationalisten, mit denen es allerhöchstens eine Viertelstunde auszuhalten ist.

Do's & Don'ts:

Sexualität ist in diesem Land allgegenwärtig. Da Franzosen alles Fremde und insbesondere alles Deutsche ablehnen, sollten Sie sich anpassen, um in den Genuss von Geschlechtsverkehr der französischen Art zu kommen. Setzen Sie eine Baskenmütze auf, reden Sie nasal, und führen Sie stets ein Akkordeon mit sich. Kommt es zu einer Annäherung, ist Folgendes zu beachten: Franzosen haben im Vergleich zu anderen Nationen ein weniger stark ausgeprägtes Ekelgefühl. Mit Vorliebe vertilgen sie Schnecken und verschimmelten Käse. Unnötig zu erwähnen, dass sich eine solche Lebensart auch im Bereich der Fortpflanzung widerspiegelt: Der Franzose leckt bereitwillig an allem, was ihm an Körperteilen und Absonderungen präsentiert wird – erwartet dasselbe allerdings auch von Ihnen. Initiieren Sie vorsichtshalber eine gründliche Dusche, bevor Sie mit einem Franzosen intim werden, denn einige von ihnen sind Clochards.

USA

Land und Leute:

Die USA bestehen aus einer zusammengeflickten Bevölkerung vorwiegend aus Europäern, Afrikanern und Südamerikanern. Das Einzige, was sie eint, ist der fanatische Glaube an einen Herrscher über das Universum, der sie bis in alle Ewigkeit quält, sollten sie auf die Idee kommen, ihre Geschlechtsteile vor der Ehe zu irgendetwas anderem zu benutzen als zum Wasserlassen. Ist im Fernsehen eine Brustwarze zu sehen, geht ein kollektiver Aufschrei der Empörung durch die gesamte Nation. Begegnet ein dreijähriges Kind im Hausflur seinem nackten Vater, muss es sich in psychotherapeutische Behandlung begeben. Gleichzeitig erfreut sich das Land aber auch an der permanenten Produktion von »Girls Gone Wild«-Episoden und den Vagina-Monologen vierer junger New Yorker Rentnerinnen. Wird ein Amerikaner von seinen Landsleuten jedoch dabei ertappt, wie er seinen Trieben außerhalb der aseptischen Pornobranche nachgeht, muss er umgehend eine Klinik für Sexsüchtige aufsuchen. Viele Amerikaner haben mittlerweile Wege gefunden, ihre sexuelle Frustration zu kompensieren. Zum Beispiel durch regelmäßige Kirchgänge, scheunendrescherartigen Konsum von Fast Food oder das Abknallen anderer mit Schusswaffen.

Do's & Don'ts:

Wer auf der Suche nach Geschlechtsverkehr die Vereinigten Staaten durchkämmt, sollte den Bible Belt meiden und sich auf die übrigen Großstädte konzentrieren. Doch selbst in der aufgeschlossensten Stadt Amerikas, New York, herrschen strenge Sitten. Ein jeder, der nicht ins soziale Abseits gedrängt werden möchte, muss wichtige Regeln befolgen. Dazu gehört: Als Mann müssen Sie die Verpflegungskosten der Frau, die Sie begehren, übernehmen. Ebenso unerlässlich für den sexuellen Erfolg: Die Einhaltung der Drei-Tage-Regel, die besagt, dass nach einem Date frühestens nach drei Tagen zum Telefon gegriffen werden darf, und der Drei-Dates-Regel, nach der erst beim dritten Treffen Geschlechtsverkehr stattfinden darf. Allerdings auch nur dann, wenn Sie die Hygienevorschriften erfüllen. Frauen sollten sich dringend von all ihrem Körperhaar, Männer von ihrer Vorhaut trennen.

ENGLAND

Land und Leute:

Aus Sicht des kontinentalen Europas wirkt es geradezu bizarr, das englische Volk mit Sexualität in Verbindung zu bringen, ist es doch in erster Linie für purpurne Sonnenbrände, schlechte Zähne und eine Oma mit Hut bekannt. Doch die Engländer selbst sind von ihrem Recht auf Fortbestand überzeugt. Instinktiv haben jedoch auch sie selbst erst einmal auf der Suche nach attraktiveren Völkern, die sie unterjochen können, die Welt umsegelt. Letztendlich landeten die meisten aber doch wieder bei ihren eigenen Landsleuten, da niemand anderes auf der Welt ihre fanatische Liebe zu Brotaufstrich aus Hefeextrakt teilt. Um seine natürliche Scheu vor dem Intimkontakt mit einer Engländerin abzulegen, vollführt der Engländer ein bizarres Ritual. Nachdem er sein Tagwerk verrichtet hat, gießt er sich einige Pints Lager ein, um eine der erstaunlichsten Transformationen in Gang zu setzen, die die Spezies Mensch zu bieten hat: vom vornehm zurückhaltenden Briten zum prügelnden Hooligan. Die Folge: hemmungslose Gewalt- und Sexorgien, mitunter auch öffentliche Auftritte in Nazi-Kostümen.

Do's & Don'ts:

Engländer sind unterhaltsame Zeitgenossen. Ihr eigentümlicher Humor sucht weltweit seinesgleichen. Und ihre deformierten Körper, zusammengesetzt aus Millionen Sommersprossen, erinnern an die spezielle Schönheit eines pointillistischen Gemäldes: In Einzelfällen kann es sich durchaus lohnen, sich einem Exemplar zu nähern. Um Beischlaf zu initiieren, sind Englischkenntnisse unabdingbar, denn das Erlernen ausländischer Sprachen hält der Engländer für Unfug – angenehmer ist es ihm, wenn stattdessen alle anderen in seiner Sprache kommunizieren. Auf der Insel herrschen eben etwas andere Gepflogenheiten vor. Die in sexueller Hinsicht wichtigste ist sicherlich: Es herrscht Linksverkehr! Daher läuft im Vergleich zum kontinentalen Verkehr alles seitenverkehrt ab. Schwieriger zu verdauen ist nur das traditionelle englische Frühstück am Morgen danach: Es gibt Tee mit Milch, Würste mit Bohnen, Hefeextrakt und die aktuelle Ausgabe der Daily Mail.

JAPAN

Land und Leute:

Der Beweis dafür, dass die Unterdrückung des Sexualtriebs die erschreckendsten Perversionen hervorbringt, liegt als Schulmädchen verkleidet zwischen China und den USA: Japan. Seine Bewohner zeichnen sich durch gesellschaftlich akzeptierte Pädophilie, unterdurchschnittlich ausgeprägte Geschlechtsmerkmale und krankhaft durchchoreografierte Umgangsformen aus. Da die japanische Gesellschaft eine Leistungsgesellschaft ist, hat der Japaner wenig Freizeit. Die, die er hat, verbringt er zu 87 Prozent mit Karaoke und Reisen nach Neuschwanstein. Für die Ausübung von Geschlechtsverkehr fehlt dem Japaner demnach die Zeit, laut Umfragen weist er weltweit die quantitativ schlechtesten Werte auf. Zum Ausgleich nimmt er an zeitsparenden Bukkake-Veranstaltungen teil, zieht sich schmutzige Höschen to go am Automaten oder befriedigt sich auf dem Weg zur Arbeit an Fahrgästen in überfüllten U-Bahn-Wagons.

Do's & Don'ts:

Die meisten Japaner können keine Japaner mehr sehen. Sie verehren ohnehin alles Westliche, insofern haben Deutsche, insbesondere blonde und blauäugige, gute Chancen auf Verkehr mit Fernost-Schönheiten. Die japanische Beischlaf-Erfahrung konkurriert in Sachen Gruselfaktor allerdings mit japanischen Horrorfilmen, die bekanntermaßen zu den schaurigsten der Welt zählen: Das Paar checkt in ein von Robotern betriebenes »Love Hotel« ein, in dem sich ein infantil dekoriertes Zimmer an das nächste reiht. Zeichentrickfilme demonstrieren, wie groß- und feuchtäugige Schulmädchen sexuell belästigt werden, auf dem Doppelbett vibrieren ferngesteuerte Sexspielzeuge. Das Paar selbst verkleidet sich für den Akt der Vereinigung mit Kostümen und Uniformen oder schnürt einander mit einem Seil ein. Nach dem Vollzug wendet man sich Samen- oder Videospielen zu. Wenig überraschend, dass auch den Japanern selbst langsam die Lust auf ihr bizarres Geschlechtsleben vergeht. »Sex ist mir wichtig« – mit dieser Aussage können sich laut einer Umfrage nur 39 Prozent der Japaner identifizieren.

BRASILIEN

Land und Leute:

In Brasilien leben die attraktivsten Menschen der Erde. Die meisten von ihnen wird jedoch keiner von uns jemals zu Gesicht bekommen, es sei denn, man verbringt seine Ferien im Elendsviertel. Armut, Gewalt, Prostitution – das ist der Dreiklang eines brasilianischen Lebens. Ein Mangel an Lebensfreude ist bei der Bevölkerung trotz allen Elends nicht auszumachen, denn die Praxis des Klebstoffschnüffelns ist weit verbreitet. Die Auswirkungen des Konsums offenbaren sich Jahr für Jahr zum Karneval, an dem sich brasilianische Frauen als Transvestiten und Transvestiten als brasilianische Frauen verkleiden. Ein Großteil der Regenwaldbewohner verkleidet sich gar ganzjährig als Indianer. Die Mehrheit der brasilianischen Bevölkerung ist römisch-katholischer Konfession, doch die aus geografischen Gründen eher seltenen Kontrollbesuche des Papstes führen dazu, dass es in diesem Land überwiegend drunter und drüber geht. Mit anderen Worten: Es ist das Paradies.

Do's & Don'ts:

Sexualität findet in Brasilien traditionell gegen Bezahlung statt – das Land ist bekannt für Nutten von edelster Schönheit. Doch ihr Stundenlohn ist gering. Nur wenige haben das Glück, an den Vorstand eines großen deutschen Automobilkonzerns zu geraten.

Die nach Prostitution wichtigsten Wirtschaftsfaktoren des Landes sind der Samba-Tanz, Tanga-Slips und das Brazilian Waxing, das die komplette Entfernung der Schambehaarung mit Heißwachs bezeichnet. Während brasilianische Männer im Rest der Welt als von Analsex besessene Testosteronrambos bekannt sind, genießen Brasilianerinnen einen Ruf als anmutige Amazonas-Amazonen. Mit ihnen intim zu werden, kann zweifellos Freude bereiten, ist jedoch in vielen Fällen mit einem finanziellen Schaden verbunden. Es empfiehlt sich, währenddessen keinesfalls die Augen zu schließen und den Brustbeutel mit Bargeld, Traveller-Schecks und den wichtigsten Dokumenten auch während des Geschlechtsverkehrs um den Hals baumeln zu lassen. Vielleicht bittet Ihre Sexualpartnerin allerdings auch nur darum, dass Sie ein paar Monate ihre Miete zahlen. Und wie teuer kann so eine Wellblechhütte schon sein?

SCHWEDEN

Land und Leute:
Jeder zweite Schwede ist Kinderbuchautor, mag Elche und tanzt den
Midsommar-Tanz mit selbstgepflückten Blumenkränzen im Haar. Es gibt
keine Studien, die diese Tatsache offiziell bestätigen, was nur beweist, dass
es vollkommen unnötig ist, sie durchzuführen. Die ausgeprägten Milch-
drüsen der Schwedinnen in allen Ehren, doch statistisch betrachtet ist
kein sexuell zurechnungsfähiger Mensch von einem dieser Skandinaven
jemals ernsthaft erregt worden. Hinzu kommt die vorbildliche Integra-
tion von Frauen ins Berufsleben und die hervorragende Organisation in
Sachen Kinderbetreuung – nicht umsonst erinnert schon die geografische
Form Schwedens frappierend an einen Schlappschwanz. Björns, Uffes
und Svenbjoms sind durch die Bank fröhliche Outdoor-Albinos, und das
dürfen sie auch bleiben, doch für Aktivitäten der schweinischen Sorte
muss man mit aller Vehemenz auf versiertere Völker verweisen. Das Einzige, was man ihnen in Sachen Sexualität zugute halten muss: Immerhin
jeder zehnte Europäer wurde in einem schwedischen Bett gezeugt. Ein
ungewollter Nebeneffekt der schwedischen Liebe zur Möbelherstellung.

Do's und Don'ts:
Körperliche Attraktivität spielt im Geschlechtsleben eine bedeutende
Rolle. Und die beeindruckende Physis des Schweden ist nicht von der
Hand zu weisen. Doch sein psychisch kastriertes Wesen lässt keine Erotik
zu. Wer trotz aller Widrigkeiten Geschlechtsverkehr mit einem schwedischen Staatsbürger plant, muss ihn in eine Falle locken. Gewinnen Sie
das Vertrauen Ihres Schweden, indem Sie ihn zum Krebsfang begleiten,
schmiegen Sie Ihren Strickpulli an seinen, füttern Sie ihn mit Wasa Mjölk
und Köttbullar. Erst, wenn Sie dem Schweden an sein großes, treues
Herz gewachsen sind, locken Sie ihn unter dem Vorwand des Kuschelns
unter die Häkelbettdecke – wo ihn ein Gerangel mit darauffolgendem
Geschlechtsverkehr erwartet. Danach nehmen Sie den Schweden in den
Arm und versichern ihm, dass er nichts Falsches getan hat, sondern, ganz
im Gegenteil, etwas sehr, sehr Schönes.

RUSSLAND

Land und Leute:

Da die Ausmaße dieses Landes von Deutschen traditionell unterschätzt werden, noch mal in aller Deutlichkeit: Russland ist gigantisch. Es umfasst ca. 17 Millionen Quadratkilometer, erstreckt sich über Europa und Asien. Nur ein törichter Mensch würde die verschiedenen Völker und die vielfältige Kultur eines so reichhaltigen Landes über einen Kamm scheren. Doch so viel bleibt festzuhalten: Russen sind irre. Sie reden und schreiben in einer Fantasiesprache, die im Rest der Welt völlig unverständlich ist. Ihre melancholische Seele betäuben Russen mit Unmengen nahezu reinen Ethanols, dabei setzen sich zahlreiche irrsinnige Ideen frei: u. a. Kommunismus in der Praxis, zahllose ineinandergestapelte Frauen in Puppenform oder Gotteshäuser mit der Anmutung einer Zuckerstange. Seit dem Zusammenbruch der Sowjetunion ist das Land besessen von Geschlechtsverkehr. Russische Frauen sind Musterbeispiele slawischer Schönheit und für ihre Freizügigkeit bekannt, vorausgesetzt, ihr Gegenüber winkt mit einem Batzen Dollarscheine. Da der Russinnen Lebenstraum vor allem Designerhandtaschen und Airbrush-Nageldesign beinhaltet, zog ein Großteil nach der Wende in den Westen, wo sie von liebenden Beamten mit ebenso offenen Armen wie Geldbörsen empfangen wurden.

Do's & Don'ts:

Russische Männer, das muss leider klar gesagt werden, kommen für geschlechtlichen Kontakt in der Regel nicht infrage. Die Gründe hierfür sollen aus Höflichkeit, Anstand und großer Angst vor der Russenmafia nicht weiter ausgeführt werden. Umso angenehmer gestaltet sich der Beischlaf mit Damen russischer Herkunft. Denn wer hauptsächlich den Verkehr mit betrunkenen, gewalttätigen Partnern ohne Manieren kennt, weiß erfahrungsgemäß jede zärtliche Geste zu schätzen, und sei sie noch so klein.

ITALIEN

Land und Leute:

Schon die ersten Bürger Roms bedienten sich zur Ausübung des Geschlechtsverkehrs ihrer Nachbarinnen, der Sabinerinnen. Diese Tradition haben die Italiener bis heute beibehalten. Sobald eine Sabine oder auch Stefanie oder Sibylle die Grenze übertritt, wird sie von einem italienischen Vespafahrer mit den Worten »Ciao bella« abgefangen, mit Nudeln gemästet und nach allen Regeln der Kunst begattet. Denn dem Italiener quillt die Leidenschaft nur so aus dem Reißverschluss, doch sein Heimatland ist fest in der Hand einer traditionsreichen kriminellen Vereinigung, die die Bevölkerung unterdrückt und in Angst und Schrecken versetzt: der katholischen Kirche. Das Ideal der italienischen Frau ist dem religiösen Weltbild zufolge die Jungfrau Maria, weswegen mit ihr vor der Ehe nicht viel anzufangen ist. Das italienische Fernsehen sowie alle Regierungsgebäude werden bereits mit zahllosen importierten Glamour-Models aus der ganzen Welt bestückt, immer wieder werden neue Sehenswürdigkeiten von Archäologen freigeschaufelt, um Touristinnen anzulocken – all das in der Hoffnung, der überbordenden sexuellen Energie des italienischen Mannes irgendwie Herr zu werden. Ein aussichtsloses Unterfangen.

Do's & Don'ts:

»Italienischer Sex« – das klingt erotisch. Beschreibt jedoch die Penetration der Achselhöhle. Diese Praktik ist der unbeholfene Versuch, die gegensätzlichen Forderungen von Kirche und individuellem Trieb irgendwie zu vereinbaren. Lassen Sie sich nicht beirren. An Ausländerinnen wendet der Italiener das herkömmliche Verfahren an. Es mag ein One-Night-Stand sein. Doch es wird sich nicht so anfühlen. Es wird sich anfühlen wie Liebe. Denn der Italiener ist daran gewöhnt, Frauen auf kitschigste Art und Weise umwerben zu müssen, bevor er ihre privaten Körperteile berühren darf. Denn seine Landsfrauen sind traditionell abweisend. Der höchstens lauwarme Charme deutscher Männer hat daher auch nicht die geringste Chance, diese Mauern in einem vierzehntägigen Adria-Urlaub auch nur annähernd niederzureißen. Wenn Sie männlich, in Italien und interessiert an Geschlechtsverkehr sind, halten Sie sich an Touristinnen.

AUSTRALIEN

Land und Leute:

Von der ehemaligen Sträflingskolonie, die Australien früher einmal dar-
stellte, ist heute nicht mehr viel zu spüren. Die ehemaligen Verbrecher
aus England mutierten unter der ungefilterten Strahlung des Zentral-
gestirns Helios zu entspannten Surfer-Dudes. Sexualität wird, wie alles
andere auch, locker angegangen. Freundlichkeit, freizügige Kleidung,
Massentourismus und eindeutig zweideutige Nationalsymbole (Stichwort:
Didgeridoo) führen traditionell zu einer hohen Anzahl an Sexual-
kontakten. Millionen Backpacker aus aller Welt überzeugen sich davon
jedes Jahr selbst. Und kehren mit üblen Geschlechtskrankheiten in ihre
Heimatländer zurück.

Do's & Don'ts:

Der Zustand eines Australiers ähnelt der Dauerbekifftheit und verhindert,
dass er sich vorsorglich Präservative in die Hosentasche steckt. Oder überhaupt irgendeine vernünftige Handlung ausführt. Wahrscheinlicher ist,
dass er Sie mit den Worten »No worries« mit einer Geschlechtskrankheit
ansteckt, die, zurück in Deutschland, nur ein Tierarzt identifizieren kann.
Gelernt hat er von seinen zahlreichen Übernachtungsgästen offenbar
nichts, denn Leidenschaft, Hingabe oder geistige Anwesenheit sucht man
im australischen Bett vergeblich. An Vogelspinnen, Moskitos und dem
ein oder anderen Schaf mangelt es hingegen zu keiner Zeit.

HOLLAND

Land und Leute:

In den liberalen und zu einem großen Teil konfessionslosen Niederlanden ist alles legal, was einem Menschen auf Erden Freude bereitet. Dazu gehören der unbegrenzte Konsum von Gouda, Tulpenhandel und das Fahrradfahren. Aber auch Marihuana, die Homo-Ehe und Prostitution sind erlaubt. Insbesondere Amsterdam präsentiert sich dem Besucher als Drogenmetropole mit Herz. Und Live-Sexshows. Hinter der freundlichen Fassade des Holländers brodelt jedoch mitnichten die sexuelle Energie von tausend Windmühlen. Den öffentlichen Botschaftern dieses Landes, wie Linda de Mol, Harry Wijnvoord, Rudi Carrell, Jopie Heesters und Miep Gies ist allein schon aufgrund ihrer Namen allerhöchstens Blümchensex zuzutrauen. Diese Erkenntnis wird durch folgende Erhebung gestützt: Die Prostituierten in den Amsterdamer Rotlichtvierteln werden nur zu fünf Prozent von Holländern selbst in Anspruch genommen (40 Prozent der Kunden sind Engländer). Und laut der Umfrage einer niederländischen Nachrichtenagentur zieht der Durchschnittsholländer einen Toilettenbesuch, ein Gespräch unter Freunden und Aktivitäten in der Natur sexueller Interaktion jederzeit vor.

Do's & Don'ts:

Das Interesse eines Holländers an Sexualität ist gering. Um ihn herum bieten Prostituierte drogenkonsumierend ihre Körper feil, Sexshops und Liveshows schießen wie Zauberpilze aus dem Boden, doch der Niederländer selbst möchte eigentlich nur mal kurz die Toilette benutzen oder die Natur genießen. Zum Stichwort Verführung fällt ihm nur der betörende Geruch von Käse ein. Des Holländers Sexualität zu aktivieren würde unnötig Zeit und Energie verschwenden. Ratsamer ist es, auf die Rotlichtviertel auszuweichen, die die Niederländer schließlich extra geschaffen haben, damit Sie sie nicht belästigen. Tun Sie ihnen den Gefallen.

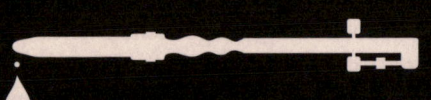

SAUDI-ARABIEN

Land und Leute:

Kontakte zwischen nicht verheirateten oder verwandten Männern und Frauen sind in Saudi-Arabien verboten. Das erschwert die Ausübung eines heterosexuellen Geschlechtslebens. Weswegen in Notsituationen auch mal auf ein homosexuelles ausgewichen wird. Was mit dem Tode bestraft werden kann, im Regelfall durch die öffentliche Enthauptung mit einem Schwert. Auch wer öffentlich über Sexualität spricht, kann durchaus mit tausend Peitschenhieben rechnen, denn Anstiftung zur Unmoral ist verboten. Allein Mitgliedern der Königsfamilie ist es offenbar erlaubt, sich für Partys Schnaps, Koks und Nutten nach Hause zu bestellen. Davon kann der Durchschnittsaraber nur träumen. Tut er auch, denn wenn ihn jemand nach seinem realen Sexualleben befragt, wird er sehr traurig: 45 Prozent der saudi-arabischen Männer mittleren Alters sind unzufrieden mit ihrem Sexualleben. Und die Frauen ... wen interessiert's?

Dont's:

Sich mit den Saudis einlassen. Wer dort Sex hat, kommt unter Umständen nicht mehr zurück.

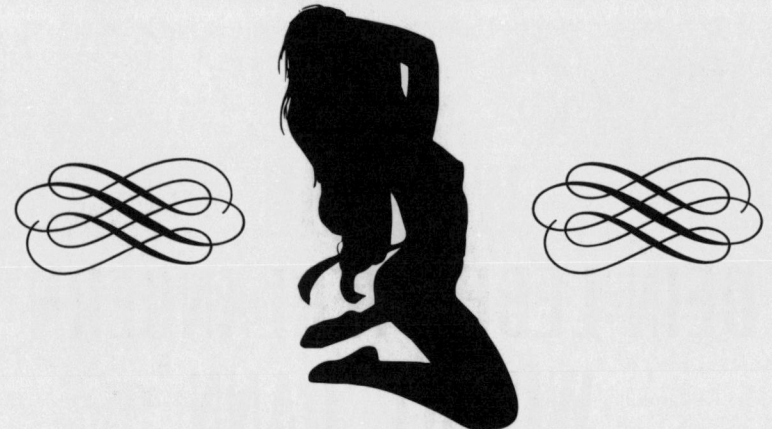

METHODEN

D E R

TRIEB

KONTROLLE

„

WENN DU DEIN LEBEN VERLÄNGERN WILLST, DANN FÜHRE DEN GESCHLECHTSAKT ÜBERHAUPT NICHT AUS, ODER SO SELTEN WIE NUR MÖGLICH !

MICHELANGELO BUONARROTI   KÜNSTLER, 1475–1564

rst in jüngster Zeit hat der Sexualtrieb des Menschen an Popularität gewonnen, seine Verwirklichung gilt als chic. Eine Sexualität, die Parallelen zu animalischen Verhaltensweisen aufweist, und der Kontrollverlust, der damit einhergeht, werden gerade von einem Teil der westlichen Bevölkerung als besonders befreiend und fortschrittlich angesehen. Doch das Gegenteil ist der Fall! Vor allem die Kontrolle des Sexualtriebs hat die Menschheit dort hingebracht, wo sie zum gegenwärtigen Zeitpunkt steht. Sigmund Freud sah in der Unterdrückung der Libido nicht nur den Ursprung seines eigenen endlosen Traumgedeutes, sondern nicht mehr und nicht weniger als die Grundlage der gesamten Zivilisation (Stichwort: »Sublimierung« – die Umwandlung sexueller Triebwünsche in eine geistige Leistung). Es geht mitnichten darum, fortan abstinent zu leben; oberste Priorität hat die Erhaltung der Spezies Mensch, und dafür ist eine wie auch immer geartete Sexualität bekanntlich unverzichtbar. Vielmehr muss der moderne Mensch die Möglichkeit haben, sich seine sexuellen Bedürfnisse dann zu erfüllen, wann es ihm und seinen Mitmenschen angemessen erscheint, sowie in einer Weise, die ihm und seinen Mitmenschen angemessen erscheint, er muss Herr seiner Triebe sein und nicht umgekehrt. Dieser Standpunkt ist nicht neu. In der Vergangenheit wurden bereits mehr oder weniger erfolgreiche Triebhemmer entwickelt, um die überbordende Fleischeslust auffälliger Individuen zu zügeln. Mittlerweile finden die meisten Methoden kaum noch Anwendung, stattdessen werden Geschlechtsmerkmale und Libido künstlich aufgepumpt und auf allen Kanälen präsentiert. Kehrt nicht bald eine Trendwende ein, könnte unsere gesamte Zivilisation ins Wanken* geraten.

* *Anglizismus*

 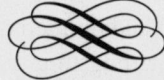
KASTRATION/BESCHNEIDUNG ★★★

Als wenig subtile Methode, den Genuss des Beischlafs deutlich zu mindern, gilt das Abhacken der Geschlechtsteile. Männern wurden schon seit dem 21. Jahrhundert vor Christi die Hoden entfernt, was einen, sofern die Operation vor der Pubertät stattfand, starken Einschnitt in die Entwicklung zum Mann bedeutete. Hohe Stimme, geminderte Aggression, muskelarmer Körperbau, Minigenitalien und: eine geringe bis nicht existente Libido – früher erhöhte dieses Profil die Karrierechancen eines Mannes im Harem oder im Chor, heute nur noch in ausgewählten Friseursalons.

MONOGAMIE ★★★★

Ein weiteres der wenigen triebmindernden Systeme, die auch heute noch gebräuchlich und gesellschaftlich anerkannt sind. Dafür gibt es einen Grund: Die Triebminderung steht bei dieser Methode nicht im Vordergrund, sie ist ein zumeist unerwünschter Nebeneffekt, der jedoch mit größter Zuverlässigkeit eintritt. Schon der Dichter Gottfried Benn erkannte: »Die Ehe ist eine Institution zur Lähmung des Geschlechtstriebes.« Dafür verantwortlich sind eine Reihe von automatisch ablaufenden Prozessen, zu denen u. a. auch ein Phänomen namens »Coolidge-Effekt« zählt: Es beschreibt den wachsenden Widerwillen des zumeist männlichen Individuums, ohne Abwechslung immer wieder mit der gleichen Partnerin zu kopulieren. Das Resultat: Die Libido des Mannes geht zurück – allerdings nur bezogen auf seine Langzeitgeliebte. Eine generelle Triebminderung kann also nur erreicht werden, wenn jeglicher Kontakt zu anderen Lebewesen unterbunden wird. Auch für Damen ist die Monogamie eine geeignete Maßnahme, ihre ungestüme Leidenschaft unter Kontrolle zu bringen. Als besonders effektiv hat sich das Gebären von Nachkommen erwiesen, ein Vorgang, der den weiblichen Sexualtrieb über Jahre hinweg komplett lahmlegen kann.

HÄNGOLIN ★★★

Die Bezeichnung steht stellvertretend für Anaphrodisiaka und Antiandrogene. Ein Medikament namens Hängolin existiert natürlich nicht. Dass Soldaten während des Krieges triebmindernde Arzneien in die Verpflegung gemischt wurden, ist aus heutiger Sicht höchst unwahrscheinlich. Die Legende ums Hängolin diente vermutlich vor allem unter Wehrmachtssoldaten dazu, eine ausbleibende Erektion während des Tötens von Untermenschen zu rechtfertigen. Andere Berufsgruppen würzten ihre Speisen hingegen ganz bewusst mit triebmindernden Substanzen: Mönchspfeffer und Hopfen wurden unter anderem gegen Hard-ons hinter Klostermauern eingesetzt. Doch es gilt als erwiesen, dass die meisten Mönche ihre Erektionen durch das Einführen des Penis in Körperöffnungen effektiver zu lindern wussten. Wirksamer als pflanzliche Stoffe sind Antiandrogene, wie beispielsweise Cyproteronacetat, die die Wirkung der männlichen Sexualhormone aufheben. Sie werden daher zur chemischen Kastration von Sexualstraftätern eingesetzt. Eine Pille, die die Libido zuverlässig und ohne starke Nebenwirkungen unterdrückt, wurde bis heute noch nicht entdeckt. Die Wissenschaft forscht allerdings auch nicht gerade mit Hochdruck daran.

KEUSCHHEITSGÜRTEL *

Die gewaltsame Entfernung anderer Leute Genitalien gilt in der heutigen Zeit nicht mehr als Kavaliersdelikt. Von Seiten der Justiz drohen Freiheitsentzug und Geldstrafen. Es liegt also nahe, andere Wege zu suchen, die Menschen rein physisch daran zu hindern, sich miteinander zu vereinen. Die bekannteste Methode funktioniert mit einem sogenannten Keuschheitsgürtel. Dieser Gürtel, meist aus Metall, verhindert, in Kombination mit einem Stahlband durch den Schritt und einem Schloss, jede geschlechtliche Interaktion. Zwar ist der Keuschheitsgürtel auf den ersten Blick äußerst effektiv, doch packt er das Problem nicht bei der Wurzel – die Lust, der Trieb bleibt bestehen –, der Träger quält sich unter der Leidenschaft, die er nicht ausleben kann. Daher wird der Keuschheitsgürtel heutzutage fast nur noch in BDSM-Kreisen angewandt. Zur Luststeigerung.

RELIGION ***

Während ägyptische oder griechische Götter eindeutige Befürworter des Geschlechtsverkehrs waren, können Gottheiten monotheistischer Glaubensrichtungen den Spaß meist nicht so recht nachvollziehen. Daher lassen sie ihre irdischen Vertreter ausrichten, man solle diesen allgegenwärtigen Kopulationsdrang bitteschön in zivilisierte Bahnen lenken. Faustregel: Je stärker ein Mensch sich mit seinem Gott verbunden fühlen möchte, desto konsequenter muss er sich von seinen sexuellen Trieben verabschieden. Wer auf ausgeflippte Praktiken wie Masturbation oder Oralverkehr steht, muss nach seinem Tode unter Umständen ewig in der Hölle brennen, zumindest wenn die spärlichen Plätze im Himmel bereits durch Mönche, Nonnen und gläubige Paare belegt sind, die Geschlechtsverkehr, wenn überhaupt, ausschließlich zu Fortpflanzungszwecken praktizierten. Das ehrgeizige Ideal der katholischen Kirche: Jungfrauen, die Kinder bekommen. Um ihre Lehren zu verbreiten, haben Christen ein

Informationsnetz aus Bibeln, Priestern und dem Wort zum Sonntag aufgebaut, das sich in den letzten Jahrhunderten hervorragend etabliert hat. Doch seit Ketzer nicht mehr verfolgt und verbrannt werden, treten in der Bevölkerung Zweifel an dem vermittelten Weltbild auf. Der Glaube, und somit auch die religiöse Kontrolle über den Trieb, verliert in der Gesellschaft immer mehr an Bedeutung.

KRANKHEITEN ★★★★★

Nur gesunde Menschen sollen sich vermehren. Das ist Teil des Masterplans der Natur. Deswegen meiden wir Partner mit wässernden Ekzemen und Buckel. Weswegen wiederum die Medizin erfunden wurde – um kranke Menschen wieder fuckable zu machen. Aber abgesehen davon, dass ein Symptom vieler Krankheiten Unattraktivität ist und allein dadurch die sexuellen Möglichkeiten eingeschränkt werden, gibt es auch Krankheiten, die zum Verlust der eigenen Libido führen. Dazu gehören psychische Erkrankungen wie Depressionen und Magersucht, aber auch rein körperliche Probleme können den Betroffenen die Lust am Beischlaf nehmen: zum Beispiel Leberzirrhose oder Testosteronmangel. Hinzu kommt, dass ein Teil der Medikamente, die z. B. Depressiven verschrieben werden, ebenfalls den Libidoverlust zur Folge haben. Doppelt hält besser – und ist bei der rasanten Verbreitung der Krankheit wahrscheinlich die erfolgreichste Methode der Triebminderung des 21. Jahrhunderts.

DIE
GESCHICHTE

DER

SEX

UALITÄT

CA. 13,7 MRD. JAHRE V.CHR.

Der ägyptische Gott Amun kreiert das Universum.
Der Legende nach durch Masturbation.

380 MIO. JAHRE V.CHR.

Ein Paar der fischähnlichen Gattung der Plattenhäuter sucht
nach einer Alternative zur »08/15-Nummer«
(Eiablage mit anschließender Befruchtung). Sie verhaken
ihre Geschlechtsteile ineinander und stimulieren
sie durch ruckartiges Hin- und Herschwimmen.
Geschlechtsverkehr ist geboren. Konservative Fische verteidigen
dagegen weiterhin die externe Befruchtung,
bis heute gilt Koitus im Großteil der Unterwasserwelt als pervers.

1 MIO. JAHRE V.CHR.

Der Homo erectus erfindet erste Masturbationstechniken
und gibt sie in Selbsterfahrungsseminaren an die Jungen der Gruppe
weiter. Während einer der Stunden geht das gesamte
Präsentationsmaterial in Flammen auf. Das Feuer ist entdeckt.

68000 V.CHR.

Der Urmensch lernt sprechen. Der Satz »Sie haben prachtvoll ausgeprägte Geschlechtsmerkmale« löst den Satz »Uh uh aaaah ah ah!« als
beliebtesten Anmachspruch ab.

30000 V.CHR.

Der Versuch der Neandertaler, das Wort »Homo« als Beleidigung zu etablieren, scheitert u. a. am Veto des Homo Sapiens.

BIS 10000 V.CHR.

Eine frühe Form von Schrift entsteht. Das kulturübergreifende Penissymbol etabliert sich auf den Höhlenwänden öffentlicher Latrinen.

4000 V.CHR.

Ein mit Intim-Feigenblättern bekleidetes Paar sorgt für Aufsehen. In Anwesenheit einer Schlange aus Journalisten verkünden Adam und Eva im Volkspark Jena Paradies, die ersten Menschen auf der Erde zu sein. Nur ein Redakteur der »Bibel« notiert die Meldung ungeprüft.

3300 V.CHR.

In der Jungsteinzeit entdeckt ein ca. 50-jähriger Mann erstmals die luststeigernde Wirkung der Selbststrangulation beim Onanieren. Er zieht sich mit einem Gürtel ins Ötztal zurück.

3000 V.CHR.

Erstes Auftreten von Metrosexualität in Ägypten: Männer tragen lange Haare, Röcke und verwenden Kajal.

2500 V.CHR.

Altägyptische Priester perfektionieren die Kunst des Bondage.
Ein Großteil des Staatshaushalts
geht für die Beschaffung von Mullbinden drauf.

1500 V.CHR.

Ägypterinnen erfinden den ersten Vibrator, indem sie summende
Fliegen in Papyrus einrollen. Gott schickt eine
Froschplage über das Land.

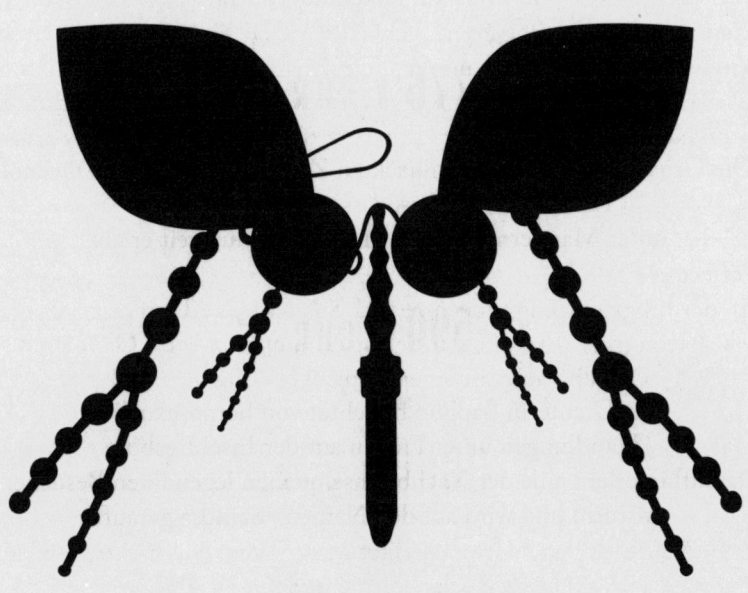

ZWISCHEN 1500 UND 1100 V.CHR.

....

Im Tal der Könige werden die Tempelanlagen der Pharaonen
errichtet. Kolonien von Prostituierten sollen die Bauarbeiter
bei Laune halten. Aus Kostengründen werden die Damen später durch
Bier ersetzt – eine Tradition, die auch auf
modernen Baustellen noch aufrechterhalten wird.

1184 V.CHR.

....

Dutzenden griechischen Soldaten gelingt es erstmals,
gleichzeitig in ein Pferd einzudringen. Eine Praktik, die insbesondere
in Troja auf Ablehnung stößt.

776 V.CHR.

....

Die Griechen entdecken den nackten Zweikampf und das Olivenöl.
Purer Zufall will es, dass auch Analverkehr
unter Männern in dieser Phase eine Blütezeit erlebt.

590 V.CHR.

....

Die Dichterin Sappho berichtet von homosexuellen
Handlungen unter Frauen auf der Insel Lesbos.
Daraufhin erlebt eine der Nachbarinseln einen legendären Besucher-
ansturm und wird auf den Namen »Samos« getauft.

520 V.CHR.

Töpferkurse boomen. Keramik wird im alten Griechenland
unmittelbar mit Pornografie in Verbindung gebracht.

469 V.CHR.

Sokrates wird geboren. Mit ihm bringt das alte Griechenland
einen der bedeutendsten Philosophen der
Menschheitsgeschichte hervor. Seine zu Lebzeiten populärste Theorie:
»Männer sind Schweine. Frauen aber auch.«

UM 330 V.CHR.

Alexander erhält den Beinamen »der Große«.
Nachweislich nicht aufgrund seiner Körpergröße.

300 V.CHR.

Die römische Oberschicht veranstaltet Orgien, bei denen auch
Gruppensex praktiziert wird. Der Pontifex Maximus
verurteilt diese Zusammenkünfte scharf. Bis auch er regelmäßig auf der
Gästeliste der Bankette steht. Plebejer bezeichnen ihn fortan augen-
zwinkernd als »Pontisex«.
Dieser verteidigt sich mit den Worten:
»Katholisch wird mein Amt noch früh genug, bitches!«

73 V.CHR.

....

Spartacus organisiert einen Gladiatorenaufstand, in dem leicht bekleidete, muskulöse Männer für gesellschaftliche Akzeptanz kämpfen. Warum er sich später zu einer Schwulenikone entwickelt – eines der letzten Rätsel der Geschichtswissenschaft.

48 V.CHR.

....

Caesar beginnt eine Affäre mit Kleopatra. Vorerst versuchen sie es mit einer Fernbeziehung, doch da sich das Pendeln vor Einführung der BahnCard schwierig gestaltet, zieht Kleopatra nach Rom. Wenig später wird Caesar ermordet. Na toll!

1 V.CHR.

....

Der römische Dichter Ovid verfasst den ersten Sexratgeber namens »Ars amatoria« (Liebeskunst). Er rät seinen Lesern, natürlich zu bleiben, doch darauf zu achten, unter den Achseln nicht wie eine Ziege zu stinken. Erst später stellt sich heraus, dass das Werk von einem bekannten römischen Deo-Hersteller finanziert wurde.

6 MONATE V.CHR.

....

Die Jungfrau Maria von Nazareth verkündet, schwanger zu sein. In der Bevölkerung entspinnt sich eine Diskussion darüber, inwiefern die Bezeichnung »Jungfrau« sich nur auf nicht praktizierten vaginalen Verkehr bezieht oder auch andere sexuelle Praktiken ausschließt. Nur ein Redakteur der »Bibel« druckt die Meldung ungeprüft.

5 ½ MONATE V.CHR.

Um ihre kriselnde Beziehung zu dem Zimmermann Josef zu retten, veröffentlicht Maria hastig eine weitere Stellungnahme, in der sie Gott für die Schwangerschaft verantwortlich macht. Glück im Unglück: Josef frisst's. Dass er den dreijährigen Jesus im Alkoholrausch als Bastard bezeichnet hat, haben Historiker mittlerweile so gut wie widerlegt.

JAHR 0

Am achten Tag nach seiner Geburt wird Jesus beschnitten. An der Stelle, an der seine Vorhaut zu Boden fällt, wächst ein Baum, der reich mit Eicheln bestückt ist.

13 N.CHR.

Als Teenager beschließt Jesus, dass sein Credo »Jesus liebt dich« zuallererst mal für ihn selbst gelten sollte. Er entdeckt, dass seine Hände wahre Wunder vollbringen können.

30 N.CHR.

Nach einem Trinkgelage verwickelt sein Jünger Judas Jesus in eine Knutscherei. Eine Gruppe homophober Römer nagelt Jesus daraufhin an ein Kreuz, wo er vorübergehend stirbt. Doch der nackte Jesus fliegt unter einer beeindruckenden Lasershow in den Himmel. Noch heute sind bunte Eier das Symbol für seine Auferstehung.

64 N.CHR.

....

Mit den Christen kommt die Liebe nach Rom. Kaiser Nero selbst
verführt seine Frau Poppaea erstmals bei Kerzenschein, woraufhin ein
Großteil der Stadt abbrennt. Daraufhin verbrennt Nero wiederum
einen Großteil der Christen.

79 N.CHR.

....

Die Lava des Vesuvs verschüttet Pompeji, darunter den berühmtesten
Puff der Antike, das Lupanar des Africanus. 1862 verursacht das
Bordell ein letztes Mal feuchte Träume – bei Archäologen.

453 N.CHR.

Attila muss erkennen, dass Sex gefährlicher sein kann als Krieg:
Nachdem er große Teile Europas in Schutt und Asche
gelegt und das West- und Oströmische Reich an den Rande
der Zerstörung gebracht hat, stirbt der Hunnenkönig in
der Hochzeitsnacht mit seiner Frau Ildikó.

500 N.CHR.

Das Geschlecht der Merowinger geht in die Geschichte ein.
Was genau so legendär an deren Geschlecht ist, ist nicht überliefert.

820 N.CHR.

In den Klöstern wenden sich Mönche von der Sexualität ab,
um sich ganz der Religion zu widmen.
Um dennoch ein Mindestmaß an Lebensfreude zu erhalten,
perfektionieren sie die Kunst des Bierbrauens.

UM 1000

In Bußbüchern werden die verschiedenen sexuellen Praktiken
beschrieben sowie die Bußen, die für ihre Ausübung
geleistet werden müssen. Am wenigsten kriminell ist demnach die
Ausübung des Geschlechtsverkehrs mit einer Frau,
danach kommen Männer, dann Maultiere. Im Handbuch für Maultiere
verhält es sich logischerweise umgekehrt.

DIE GESCHICHTE DER SEXUALITÄT

1049

··················

Der Mönch Petrus Damiani schreibt im »Liber Gomorrhianus«,
das dem Papst gewidmet ist, über das »höchst säuische Leben«
des Klerus und fordert härtere Strafen für Sodomie.
Womit er eine neue, äußerst homophobe Vokabel für das
Rumschwuchteln in Kirchenkreisen erfunden hat.
Dass der Papst zurückschreibt »Erläutern Sie mir das Ganze doch
noch mal unter vier Augen, knick knack. Ihr Leo IX.«, entspricht ganz
offensichtlich nicht den historischen Tatsachen.

1100

··················

Herzog Wilhelm IX. von Aquitanien besingt als erster Troubadour
detailliert seine übermäßige Potenz und die Attraktivität
weiblicher Geschlechtsmerkmale – seine Lyrik gilt als ausgesprochen
fresh und legt den Grundstein für Porno-Rap.

1250

··················

Ausgehend von Hippokrates' »Zwei-Samen-Modell«, nach dem
sowohl der Mann als auch die Frau einen Samen produzieren, deren
Vereinigung zur Schwangerschaft führt, entwickeln mittelalterliche
Theologen eine eigene Theorie vom Fortpflanzungsakt:
Der weibliche Samen sei zur Empfängnis nicht zwingend notwendig,
mache das Kind aber schöner. Eine der gängigsten Beleidigungen zur
damaligen Zeit: »Deine Mudder produziert keinen Samen!«

1431

....

Jeanne d'Arc wird u. a. aufgrund des Tragens
von Männerkleidung verbrannt.
Ein Rückschlag für die Crossdressing-Szene Frankreichs.

1440

Johannes Gutenberg erfindet auf der Suche nach einer Vertriebs-
möglichkeit für Pornografie den Buchdruck.

1492

Im zugeknöpften Europa erzählt man sich unter der
Hand von einem fernen Land, in dem Frauen oben ohne rumlaufen.
Was die meisten als schlüpfrige Fantasie abtun, lässt
dem Seefahrer Christoph Kolumbus keine Ruhe. Er macht sich von
Spanien aus auf den Weg – und entdeckt Amerika.
Aufgeregt notiert er in seinem Bordbuch: »Es stimmt tatsächlich!
Titten, Titten, Titten!« Im Gedenken daran veranstalten
die Amerikaner noch heute den Spring Break.

1500

Meistgehörter Satz nach Einführung des Keuschheitsgürtels:
»Verdammt! Ich glaub, ich hab vergessen, meine Frau abzuschließen!«

1503

Leonardo da Vinci fertigt ein Portrait von Lisa del Giocondo an.
Während der stundenlangen Sitzungen vertraut er ihr an,
heimlich homosexuell zu sein. Ihr gequältes Grinsen und der Blick in
Richtung Ausgang gelten als einzigartig in der Kunstgeschichte.
Angepisst pinselt da Vinci ihre Augenbrauen über.

1504

Unter dem Motto »Wenn das Geld im Kasten klingt, die Seele
in den Himmel springt« können Sünden mit
Ablasszahlungen an die Kirche wiedergutgemacht werden.
Teure Fresken an der Kirchendecke werden fortan
durch Fellatio finanziert.

1521

Martin Luther spricht sich mit den Worten:

"
HIER STEHE ICH,
ICH KANN NICHT ANDERS,
GOTT HELFE MIR,
AMEN.
""

gegen das Zölibat aus.

1526

Der Humanist Erasmus von Rotterdam erkennt eine
Marktlücke und schreibt den ersten Eheratgeber.
Darin thematisiert er, was »das Eingehen einer glücklichen Ehe
betrifft, dann was zu ihrer Bekräftigung und glücklichen
Führung nötig ist (...)«. Anders als heutige Ratgeberautoren räumt er
der Frömmigkeit eine größere Bedeutung ein als Sexspielzeugen.

1532

Die »Peinliche Gerichtsordnung« des Heiligen Römischen
Reichs erklärt Ehebruch, Masturbation und Homosexualität zur
Straftat. Nur in Ehebetten ist Lust erlaubt, möchte aber
nicht so recht aufkommen.

1643

Ludwig XIV. betritt den französischen Thron – mit High Heels und
Langhaarperücke. Frankreichs Crossdressing-Szene atmet auf.

1648

Deutschland feiert 30 Jahre Krieg. Die Party artet in einer Orgie aus,
die in einem Friedensabkommen gipfelt.

1736

Eine Info-Broschüre mit dem griffigen Titel
»Onania, oder die erschreckliche Sünde der Selbst=Befleckung,
Mit allen ihren entsetzlichen Folgen, so dieselbe bey
Beyderley Geschlecht nach sich zu ziehen pfleget; Nebst Geist und
Leiblichen Rath vor alle diejenigen, welche sich
durch diese abscheuliche Gewohnheit bereits Schaden zugefüget
haben« erscheint. Masturbation wird ab sofort als Ursache für
damals unerklärliche Krankheiten wie Epilepsie, Schwindsucht,
Impotenz, Wahnsinn oder die Veröffentlichung von
Anti-Wichs-Broschüren gehandelt.

1750

Der Venezianer Giacomo Casanova perfektioniert die Kunst der
Verführung mit einem einfachen Mittel: zuhören. In seinen Memoiren
schildert er Hunderte Liebschaften. Noch heute gilt Casanova
als das Vorbild für romantische Verführer.

1785

Donatien Alphonse François de Sade, besser bekannt als Marquis
de Sade, perfektioniert die Kunst der Verführung mit einem einfachen
Mittel: Gewalt. In »Die 120 Tage von Sodom« schildert er den
Verzehr von Kot, Sodomie, Verstümmelung und Folter bis zum Tod.
Noch heute gilt de Sade als das Vorbild für polymorph Perverse.

1785

Immanuel Kant bezeichnet Selbstbefriedigung in seiner
»Metaphysik der Sitten« als ein schlimmeres Vergehen als Selbstmord.
In der Ausgabe für den englischsprachigen Raum fügt er
seiner These hinzu: »Und Witze über den Nachnamen eines
bedeutenden Philosophen sind ein schlimmeres Vergehen als
Selbstbefriedigung und Selbstmord zusammen.«

1885

Die Österreicherin Klara Pölzl und ihr Onkel Alois holen
einen kirchlichen Dispens ein, um trotz Verwandtschaft heiraten zu
können. Die ersten drei Kinder sterben. Das Paar fleht Gott
erfolglos um Hilfe an. Erst als die beiden sich an Satan wenden,
erblickt der kleine Adolf Hitler das Licht der Welt.

1889

In Paris findet die Pariser Weltausstellung statt.
Das Highlight: die Gummi-Kondome von Charles Goodyear.
Ein 300 Meter hohes Phallussymbol aus Stahl heißt
Besucher aus aller Welt willkommen.

1889

....

Die Französin Herminie Cadolle hat es satt, dass ihr alle Männer
immer auf die Knie starren: Sie erfindet den Büstenhalter.

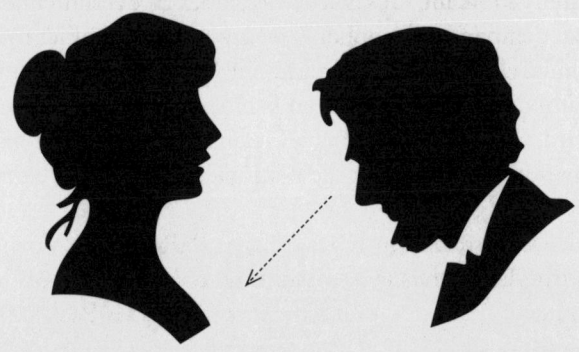

1895

....

Der aufstrebende Voyeurist Wilhelm Conrad Röntgen
entdeckt auf der Suche nach einer Möglichkeit, durch Kleidung
hindurchzusehen, die Röntgenstrahlen.

1895

....

Der Schriftsteller Oscar Wilde muss für zwei Jahre ins Gefängnis,
weil ihm intime Kontakte mit männlichen Prostituierten
nachgewiesen werden. Aus dem Originalbericht zum Haftantritt im
Zuchthaus zu Reading: »Wilde, Oscar, age: 40.
Personal belongings: 1 notebook, 1 pen, 28 bars of soap.«

1898

....

August Bebel, Vorsitzender der SPD, weist darauf hin, dass die
Berliner Polizei Listen mit Namen von Homosexuellen führt:
»Die Zahl dieser Personen ist aber so groß und
greift so in alle Gesellschaftskreise, von den untersten bis
zu den höchsten, ein, daß, wenn die Polizei pflichtmäßig
ihre Schuldigkeit thäte, der preußische Staat sofort gezwungen würde,
allein, um das Verbrechen gegen § 175, soweit es in Berlin begangen
wird, zu sühnen, zwei neue Gefängnißanstalten zu bauen.«
Eine Investition, zu der erst die Nationalsozialisten bereit sein werden.

1900

....

„
ES WAR NICHT ICH.
ES WAR ES!
„

Psychoanalytiker Sigmund Freud gibt den Menschen endlich,
was sie seit Jahrhunderten suchen – eine wissenschaftliche
Entschuldigung für die perversen Handlungen, die sie immer und
immer wieder ausführen müssen: das Unterbewusstsein.

1916

Das nahtlose Gummikondom wird eingeführt.
Zum größten Teil in Prostituierte, da die meisten Männer
ihre Lebenspartnerinnen unter einem Vorwand
(Erster Weltkrieg) verlassen haben.

1925

Inzestkind und froh drüber:
Adolf Hitler legt in seinem Buch »Mein Kampf«
die schrecklichen Folgen einer Vermischung der Rassen dar.
Singles über 30 kotzen ab: »Noch weniger Auswahl?!«

1929

Die Weltwirtschaftskrise führt zu Massenarbeitslosigkeit.
Sex am Arbeitsplatz wird zur beliebtesten Fantasie.

1934

Der Hays-Code tritt verbindlich in Kraft.
Hollywood-Filme dürfen keine gewalttätigen oder sexuellen
Darstellungen enthalten. Das Publikum bekommt davon
wenig mit, da es damit beschäftigt ist, einander im Dunkeln
sexuell zu stimulieren.

1945

Hitler gerät zunehmend unter Druck. Eingekesselt vom
Feind und gefangen im Führerbunker knickt er schließlich ein:
Der überzeugte Langzeit-Single heiratet Eva Braun.

1948

Der US-Sexualforscher Alfred Kinsey veröffentlicht die
ersten statistischen Erhebungen zum Sexualleben des Menschen.
Eine seiner Schlussfolgerungen: Masturbation ist unter
Männern extrem weit verbreitet. Binnen weniger Stunden lösen sich
meterlange Schlangen vor amerikanischen Patentämtern auf.

1951

BEATE UHSE

Die ehemalige Pilotin gründet das
»Versandhaus Beate Uhse«, das Kondome und Bücher zum Thema
Ehehygiene anbietet. Erst später wird der Name der
Bundesverdienstkreuzträgerin auch mit Prostatastimulatoren und
Hardcore-Pornografie in Verbindung gebracht werden.

1953

....

Die erste Ausgabe des Magazins PLAYBOY erscheint
und bietet Männern endlich eine Möglichkeit, tiefsinnige Interviews,
kluge Essays und spannende Reportagen zu lesen, ohne
als intellektuelles Kommunistenschwein abgestempelt zu werden.

1956

....

Rekord: Elvis Presley bringt durch rhythmische Beckenbewegungen
erstmals Dutzende Mädchen gleichzeitig zum Kreischen. Er selbst
teilt mit, für alles offen zu sein, solange ihm niemand auf seine blauen
Velourslederschuhe trete.

1960

Mit der Einführung der Antibabypille wird das Zeitalter der freien
Liebe eingeläutet, das erst die Einführung von AIDS wieder ausläuten
soll. Die rund zwanzig Jahre dazwischen gelten als die glücklichsten
der Menschheit (Ausnahmen: Kennedy, Nixon, Vietnam, Schleyer,
DDR).

1967

In der Kommune 1 in West-Berlin verändern Hippies die Welt mit
Gruppensex. Der Satz »Wer zweimal mit derselben pennt, gehört
schon zum Establishment« etabliert sich. Der Spruch »Wer eine feste
Freundin hat, ist jedoch von dieser Regelung ausgenommen« erlangt
nicht die gleiche Popularität, vermutlich aufgrund des fehlenden Reims.

1969

Der amerikanische Astronaut Neil Armstrong betritt als erster Mensch
den Mond. Buzz Aldrins Bestrebungen, zumindest der erste »Mann
im Mann auf dem Mond« zu sein, scheitern an Zeitmangel und einem
fehlenden Reißverschluss an seinem Astronautenanzug.

1972

Der Film »Deep Throat« wird zum Kino-Hit, in der Hauptrolle
eine Frau, deren Klitoris im Hals sitzt und die daher nur durch Fellatio
befriedigt werden kann. Der Film wird aufgrund seiner
realitätsfernen Handlung in 23 US-Staaten verboten. Zu absurd sei
die Behauptung, Frauen hätten ein Lustorgan.

1977

Der Nachtclub Studio 54 eröffnet in New York. Es ist der einzige
Nachtclub, der über einen »Rubber Room« mit abwaschbaren Wänden
verfügt. Viele Besucher entwickeln hier einen Gummifetisch, den sie
nach der Entdeckung von AIDS gut gebrauchen können.

1979

Nina Hagen führt in der österreichischen Talkshow »Club 2« vor, wie
sich Frauen beim Sex selbst befriedigen können. Danach muss der
Moderator zurücktreten, Nina Hagen selbst wird erst viel später zur
Mitwirkung an Casting-Shows und Otto-Filmen verurteilt.

1979

Im Buch »Homosexuality in Perspective« kommt
das Sexforscher-Ehepaar Masters & Johnson zum Schluss, dass
homosexuelle Paare besseren Sex haben als heterosexuelle.
Rätselhaft bleibt, weshalb Homosexuellen mit Elektroschocks,
Therapien und Hormonen die heterosexuelle
Lebensweise nahegebracht werden soll und nicht umgekehrt.

1981

Es ist so weit! Gott infiziert Schwule mit einer unheilbaren Seuche.
Wissenschaftler werden erst stutzig, als auch andere
Bevölkerungsgruppen sich mit AIDS infizieren. Ihre Versuche,
doch noch einen Impfstoff aus dem Hut zu zaubern, scheitern
jedoch bis heute kläglich.

1989

In »Harry und Sally« täuscht Meg Ryan einen vorgetäuschten
Orgasmus vor, indem sie einen echten Orgasmus
vorzutäuschen vortäuscht. Millionen Männer sind schockiert,
zweifeln an ihren Liebhaberqualitäten, fragen sich
»Hat auch meine Freundin mir etwa schon einmal einen
Orgasmus vorgetäuscht?«. Dann kehren sie wieder zu ihren
ursprünglichen Gedanken an nichts zurück.

1989

Die Berliner Mauer fällt unter der Wucht des menschlichen
Sexualtriebs. Ost- wie Westdeutsche wähnen hinter dem Wall
Tausende potenzieller Sexualpartner. Doch schon kurz nach
der Öffnung schlägt die anfängliche Euphorie in Enttäuschung um.
Auf der Westseite werden erste Stimmen laut, »dit janz fix
allet wieder rückgängig zu machen. Kiek dir die Ossis doch ma an!«.
Jeder Ostdeutsche erhält 100 Mark dafür, dass er auf seiner
Seite bleibt. Zu wenig.

1996

Klonschaf Dolly ist das erste Lebewesen,
das drei Mütter, aber keinen Vater hat. Feministinnen organisieren sich,
um den Penisträgern das Wissen um die Technologie
des Klonens zu entreißen, scheitern jedoch an den natürlichen
Grenzen des weiblichens Intellegenz.

1998

Das Potenzmittel Viagra kommt auf den Markt und ermöglicht zuverlässige Erektionen trotz Impotenz. Opas und Nashörner weltweit liegen sich in den Armen.

1998

....

Bill Clinton behauptet unter Eid: »Ich hatte keine sexuelle
Beziehung mit dieser Frau, Miss Lewinsky.« Als sich herausstellt, dass
dies entgegen seiner Aussage der Fall gewesen sein muss,
feuert er mit den Worten »Whatever. Check this out!«
und untermalt von Montell Jordans »This Is How We Do It«
75 Marschflugkörper auf Terroristenstützpunkte im Sudan und
Afghanistan ab. Und bleibt im Amt!

„

ICH HATTE KEINE SEXUELLE BEZIEHUNG MIT DIESER FRAU, MISS LEWINSKY.

„

2000

Mobilfunk erreicht mit zunehmender Verbreitung von
Handys die Massen. Telefonsex und Sex an ungewöhnlichen Orten
werden kombinierbar.

2001

Zwei Passagierflugzeuge werden am 11. September
von Terroristen entführt und in die Zwillingstürme des World Trade
Center in New York gelenkt. Zwei Tage später erklärt die
Berliner Kultursenatorin und Psychologin Adrienne Goehler, die
Zwillingstürme hätten wegen ihrer phallischen Symbolik eine
Provokation dargestellt. Damit deutet sie an, was bisher kaum jemand
auszusprechen gewagt hat: Adrienne Goehler spinnt.

2005

Kardinal Joseph Ratzinger wird als Benedikt XVI. Papst.
Der Geistliche wird das Papsttum revolutionieren, indem er die Benut-
zung von Kondomen in Ausnahmefällen (Babystrich/Vatikan) erlaubt.

2008

Der Afroamerikaner Barack Obama setzt sich per
Penisvergleich als 44. Präsident der Vereinigten Staaten von Amerika
durch. Die Welt ist gerettet.

KOMPENDIUM

GENITALIS

....

Die Sprache der Triebe
–
zugegebenermaßen nicht ganz so
romantisch wie die der Liebe,
aber genauso unentbehrlich.

Um sich in Gesellschaft angemessen
über das Thema Fortpflanzung austauschen
zu können, wird empfohlen,
die folgenden Begriffe und ihre Bedeutung
genauestens zu studieren.

....

A

A tergo

Die beliebteste Sexstellung, hier in der lateinischen Sprache (»von hinten«) formuliert, funktioniert bezeichnenderweise, indem sich ein Partner vom andern abwendet. Der aufnehmende Teil beugt sich vor und präsentiert sein Gesäß, der enternde Teil, nun ja, entert. Dann bewegt er sich rhythmisch vor und zurück. Vorteil: Niemand muss auf sexuelle Befriedigung verzichten, nur weil der Partner eine Hasenscharte hat (und man selbst auch).

AIDS

Wie genau sich HIV von einem Affen auf einen Menschen übertragen hat, ist bis heute nicht lückenlos geklärt. Vielleicht war es der Satz »Ich nehme heute mal das rohe Affenhirn in Erdnusssauce«, der die Katastrophe einleitete, vielleicht aber auch »Was? Seit wann hat das Bordell montags Ruhetag?«. Wie auch immer die Geschichte sich tatsächlich zutrug – die Folgen sind desaströs: HIV führt zur bisher unheilbaren Immunschwächekrankheit AIDS, an deren Folgen insgesamt ca. 25 Millionen Menschen gestorben sind. Wenn Sie kein Interesse daran haben, in Zukunft in diese Statistik mit einbezogen zu werden, sollten Sie Kondome verwenden oder auf einen AIDS-Test bestehen. Um dennoch weiterhin cool zu wirken, könnten Sie mit dem Rauchen beginnen oder die Verwendung von Kraftausdrücken in Erwägung ziehen.

Antibabypille

Eine der verbreitetsten und zugleich störendsten Nebenwirkungen des Geschlechtsverkehrs ist die Schwangerschaft. Ursprünglich wollte man sich einfach mal gescheit rannehmen lassen, als Nächstes erfährt man, dass der Partner währenddessen ein Serum voller Kleinstorganismen abgesondert hat und man die nächsten neun Monate der Wirt seines Parasiten sein wird. 1960 kam mit der Pille ein Gegenmittel auf den Markt. Seitdem können sich Frauen vor derlei Einnistungen in ihre Körper zuverlässig schützen.

Aphrodisiakum

Bezeichnung für Substanzen, denen eine libidosteigernde Wirkung nachgesagt wird. Lebensmittel wie Trüffel, Spargel und Meerestiere gelten als Aphrodisiaka, in Studien wurde jedoch nachgewiesen, dass es prozentual gesehen viel häufiger nach dem Verzehr von Wurst, Graubrot, Tiefkühlpizza und Spaghetti Bolognese zum Geschlechtsverkehr kommt.

Asexualität

Betroffene zeigen keinerlei Interesse an Sexualität oder ihrer Ausübung. Warum, weiß niemand. Man schätzt, dass es sich nicht um eine Erbkrankheit handelt.

B

BDSM

Anderer Begriff für AUA! Überraschenderweise finden sich nicht nur Menschen, die anderen Schmerz zufügen möchten, sondern auch welche, die Schmerz zugefügt bekommen möchten. Beide Parteien hüllen sich in Lack- und Lederkostüme mit spitzen Metallnupsis. Kuscheln und Streicheln ist streng verboten; die gewonnene Zeit wird mit Auspeitschen und -schimpfen verbracht. Beide Parteien werden dadurch sexuell erregt.

Das alles kommt zwar auch den Beteiligten höchst merkwürdig vor, aber man hinterfragt die ganze Sache nicht weiter. Nicht umsonst wird diese Praktik auch als »deutsch« bezeichnet.

Bisexualität

Menschen mit einer ausgeprägten Entscheidungsschwäche können sich teilweise nicht einmal auf ein Geschlecht festlegen, das sie am liebsten anfassen. Ob jemand Brüste, Penisse, Vaginas oder Hoden hat; Bisexuellen ist alles recht, solange es geschlechtsreif ist und sich ansehnlich auf einer Matratze drapiert. Eine derartige Wahllosigkeit verdoppelt die Wahrscheinlichkeit für Beischlaf, weswegen sich auch Monosexuelle immer mal wieder fragen, ob so ein bisschen Bisexualität ihrem Sexualleben nicht mal ganz gut tun würde. Zumindest, bis sie dann tatsächlich nackt vor einem Vertreter des bisher abgelehnten Geschlechts stehen und ihnen schlagartig wieder klar wird, warum sie es doch dringend bei ihrer Monosexualität belassen wollen. Aus diesem Grund ist die Zahl der bekennenden Bisexuellen auf ca. zwei Prozent der Bevölkerung beschränkt.

Bondage

Ursprünglich war Bondage der Staatsgewalt, sowie Indianern und Pfadfindern vorbehalten. Doch auch andere Menschen schätzen einen festen Knoten, der sie daran hindert, sich zu bewegen. Aktive Bondage-Anhänger verschnüren ihren Partner, um dann mit ihm machen zu können, was sie wollen: zum Beispiel mit einem Stock pieksen, sexuell belästigen, ihn bei der Post abgeben.

Brüste

Der Vorbau einer Frau dient der Fütterung ihrer Jungen. Oder der Verführung, je nachdem, wie alt der Junge ist. Dass Frauen im Vergleich zu anderen Primaten besonders ausgeprägte Brüste haben, bezeichnen führende Biologen mit Tränen in den Augen als Wunder. Der Genusswert des Busens ist in den meisten Kreisen unumstritten. Damen, die von der Natur nicht zu ihrer Zufriedenheit ausgestattet worden sind, lassen sich in einem unproblematischen Eingriff Kissen aus einem Material implantieren, das auch zur Fugenabdichtung verwendet wird.

Bukkake

Begriff aus dem Japanischen. Bukkake Udon beispielsweise bezeichnet ein Gericht, bei dem Nudeln mit Brühe übergossen werden. Dasselbe Prinzip kann auch auf ein Gesicht und die Körpersäfte mehrerer Männer angewandt werden. Beides ist Geschmackssache.

C

Cockring

Jemandem einen Cockring anzulegen ist eine romantische Geste, die mit dem Überstreifen eines Eherings vergleichbar ist. Denn sie ist mit der Hoffnung verbunden, dass dieser Moment für immer Bestand hat. Der Ring verhindert nämlich, dass das Blut abfließt und der Penis in sich zusammenfällt wie ein unzureichend verknoteter Luftballon. Allerdings sollte man nur Cockringe verwenden, die leicht wieder zu entfernen sind, sonst wird man möglicherweise nie wieder Sex haben können. Dasselbe gilt natürlich auch für Eheringe.

Coming-out

Schwule und Lesben wissen oft schon vor allen anderen von ihrer sexuellen Orientierung. Die damit einhergehende Verwirrung kann Jahre und viele halbherzige Geschlechtsakte dauern. Die Angst, von anderen als der Homo wahrgenommen zu werden, der man ist, kann das Ganze noch weiter hinauszögern. Im Großen und Ganzen sind die meisten dann aber doch glücklicher, wenn Eltern, Freunde, Nachbarn, Kollegen, ehemalige Mitschüler, flüchtige Bekannte und Passanten en detail darüber unterrichtet sind, was sich in ihrem Schlafzimmer abspielt und was nicht. Dank des Coming-out erhöhen sich auch die Chancen auf eine glückliche Partnerschaft. Denn nun kann man die Jacke mit der Aufschrift »Nanu, was mache ich denn hier, eigentlich wollte ich doch in die Kneipe nebenan!« getrost am Haken lassen, wenn man sich auf den Weg in die Gay-Bar macht.

Cunnilingus

Latein. Ausdruck für die Stimulation des weiblichen Schambereichs mit der Zunge. Eine amerikanische Umfrage ergab, dass für 96 Prozent der 20- bis 30-jährigen Frauen Oralsex einen höheren Lustgewinn bedeutet als Geschlechtsverkehr. Gleichzeitig ist es eine der wenigen Praktiken, bei denen der Partner einen besonders großen Abstand zu den Sinnesorganen der Frau aufweist. Zufall?

Cybersex

Möglicherweise war der wahre Grund, warum Computer entwickelt wurden, dass man sich Cybersex so vorstellte: Helm auf, Geschlechtsteile verkabeln und dann welcome to the Pleasuredome. Die Realität sieht bisher weniger glamourös aus. Die Stimulation erfolgt in den meisten Haushalten manuell, die freie Hand bedient Maus und Tastatur, um durch Nacktbilder zu scrollen und Pop-up-Fenster zu schließen oder einen Chattext wie etwa »bin scon vboll geil« einzugeben. Nicht wenige User filmen sich dabei und übertragen die Videos per Livestream ins Internet, wo etwaige Zuschauer kurz erschrecken, weil sie glauben, jemand hätte eine Webcam in ihrem Versteck versteckt. Dabei spielt sich bei allen Nutzern nur exakt dieselbe Szenerie ab.

D

Doggy–Style

Anderer Ausdruck für Sex von hinten (siehe »a tergo«). Bevorzugte Stellung unter Hunden (»Doggy«), da diese Tiere in der Regel unter fürchterlichem Mundgeruch leiden.

Domina

Herrschsüchtige Frau, die kontinuierlich auf Streit und fast nie auf Geschlechtsverkehr aus ist. Von einer gewöhnlichen Partnerin unterscheidet sie also eigentlich nur das Andreaskreuz im Wohnzimmer. Zum Zwecke der Quälerei bewahrt sie nämlich extra Equipment auf, zu dem auch Peitschen, Fesseln, Käfige und Lackstiefel mit spitzen Absätzen gehören. Ihre zahlreichen Liebhaber sind abhängig von ihrer Demütigung und unterstützen sie daher finanziell.

Doppelpenetration

Ist es Zufall, dass sich im weiblichen Unterleib zwei Körperöffnungen direkt nebeneinander befinden, so dass man problemlos auch zu zweit eindringen kann? Wahrscheinlich schon. Doch das hält die Menschen nicht davon ab, es trotzdem zu tun. Variationen der Doppelpenetration reichen von der gleichzeitigen vaginalen und analen Penetration (»Sandwich«) über die vaginale und orale Penetration (»Spit Roast«) bis zur gleichzeitigen Penetration einer Vagina durch zwei Penisse. Ein solches Spektakel ist jedoch sehr selten und findet nur dann statt, wenn sich eine Frau in zwei Männer gleichzeitig verliebt hat. Und ein Kamerateam in der Nähe ist.

E

Eichel

So wird die vordere Verdickung am Penis des Mannes genannt. Forschungen haben ergeben: Sogar unsensible Männer haben eine sensible Eichel. Damit ihr verletzliches Wesen unbemerkt bleibt, hat die Eichel die Form eines Stahlhelms aus dem zweiten Weltkrieg angenommen. Unlogisch – geht der Beschuss doch ausschließlich von ihr selbst aus. Denn wenn es zum Geschlechtsverkehr kommt, steht die Eichel an vorderster Front. Sie ist die Erste, wenn es um die Eroberung feindlichen Gebiets geht, sie ist die Letzte, die das Schlachtfeld verlässt. Mit ihr steht und fällt die Mission. Doch sie weiß genau: Ohne die Phalanx aus Schwellkörpern, die hinter ihr steht, wäre sie nichts. Kein negatives Wort würde man je über die Eichel hören, außer vielleicht, dass sie sich sprachlich nur äußerst holprig in ein Kriegsszenario einbetten lässt.

Eifersucht

Geschlechtsverkehr kann eine Reihe von Gefühlen auslösen. Die gängigsten sind Zuneigung, Zorn, Verwirrung, innere Leere und Eifersucht. Letztere ist äußerst unangenehm und entsteht meist dann, wenn man selbst nicht beim Akt involviert ist, sondern mit ansehen/sich vorstellen muss, wie der Partner stattdessen die Nachbarschaft durchnimmt. Doch es gibt auch Menschen, in denen eine solche Vorstellung andere Gefühle auslöst, zum Beispiel sexuelle Erregung oder die Hoffnung auf Weltfrieden. Diese sollten sich schämen, ihrem Partner eine derartige Gleichgültigkeit entgegenzubringen und schleunigst die Faust ballen und verärgert knurren.

Erregung

Wenn sich zwei Menschen sehr nahe kommen, ist ein bizarres Verhalten zu beobachten. Sie atmen sich heftig ins Gesicht, reiben sich bebend aneinander und geben unkontrollierte Laute von sich. Außenstehende können nur ratlos mit den Schultern zucken. Die Paarungsbereiten befinden sich in Trance, einer Phase der Bewusstseinstrübung im Übergangsstadium zwischen Selbstbestimmtheit und der Steuerung durch die Fortpflanzungsorgane. Im fortgeschrittenen Stadium dieses Rausches fährt der Körper mit all dem auf, was für den folgenden Geschlechtsverkehr benötigt wird: Lubrikation, Erektion. Die Erregung eskaliert im Idealfall im Orgasmus. Doch sie kann auch abrupt enden, wenn das Liebesspiel durch etwas Unvorhergesehenes unterbrochen wird, zum Beispiel einen unangekündigten Besuch der Großeltern oder den Gedanken daran, was man alles aus seinem Leben hätte machen können, wenn man nur die Möglichkeiten gehabt hätte.

Exhibitionismus

Sich im Schlafzimmer nackt auszuziehen, stellt für Exhibitionisten keinen Reiz dar. Sie legen besonderen Wert darauf, dass auch andere Menschen in den optischen Genuss ihres Intimbereichs kommen. Aus diesem Grund ziehen sie sich einen Trenchcoat über den entblößten Körper und gehen in den Park. Der Mantel wird angesichts ahnungsloser Passanten geöffnet, die Genitalien präsentiert. Dann zieht der Exhibitionist zufrieden von dannen. Das Gegenteil des Exhibitionisten stellt der Inhibitionist dar. Er nimmt einen Wollmantel mit auf die Straße, zieht ihn unter den fassungslosen Blicken der Passanten über.

....

F

....

Fetisch

Geht die Libido ungewöhnliche Wege, spricht man von einem Fetisch. Die sexuelle Energie des Menschen kann sich praktisch auf alles und jeden beziehen. Hier eine Auswahl.

AGALMATOPHILIE: Statuen

AKROTOMOPHILIE: Amputationen

ALGOLAGNIE: Schmerzen

AUTONEPIOPHILIE: Vorliebe für Rollenspiele, in denen ein Partner ein Baby darstellt

COULROPHILIE: Clowns

DACRYPHILIE: Tränen

DENDROPHILIE: Bäume und Pflanzen

FORMICOPHILIE: Ameisen und andere krabbelnde Insekten

GERONTOPHILIE: Rentner

KOPROPHILIE: Fäkalien

LAKTOPHILIE: Muttermilch

MYSOPHILIE: Gestank

NEKROPHILIE: Leichen

PLUSHOPHILIE: Stofftiere

PODOPHILIE: Füße

SOMNOPHILIE: schlafende oder bewusstlose Menschen

UROPHILIE: sexuelle Vorliebe für Urin

VOMEROPHILIE: Erbrechen

FETISHOPHILIE: sexuelle Erregung durch die Information über die Vielfalt sexueller Fetische

Filzläuse

Filzläuse, auch Sackratten genannt, sind Kleintiere, die sich eine solide Existenz im menschlichen Schamhaar aufgebaut haben. Aufgrund der populären Schamhaarrasur geht ihre Verbreitung immer weiter zurück. Mittlerweile steht die Filzlaus auf der Liste der bedrohten Tierarten ganz oben. Die Tierschutz-Organisation WWF warnt: Schon unsere Kinder werden möglicherweise keine Filzlaus mehr in ihrem natürlichen Lebensraum zu sehen bekommen.

Flirten

Interaktion zwischen zwei Menschen, die sich voneinander angezogen fühlen, mit dem Ziel, sich wenig später voneinander ausgezogen zu fühlen. US-Psychologen haben in einer Studie herausgefunden, dass Blicke unterstützend wirken können, um Kontakt zu einer anderen Person herzustellen. Experimentieren Sie, und sehen Sie anderen direkt ins Gesicht. Sieht eine Person Sie ebenfalls an, können Sie wissend nicken oder lächeln. Erst im zweiten Schritt formen Sie mit den Lippen langsam das Wort »Geschlechtsverkehr«. Vorsicht: Die Reihenfolge zu vertauschen gilt in der westlichen Welt als Fauxpas. Weitere körperliche Signale, die Interesse signalisieren können:

- *Blinzeln*
- *Beine übereinanderschlagen*
- *Beine auseinanderschlagen*
- *Beine so lassen*
- *Öffentlich masturbieren*

Fremdgehen

Partnerschaften zwischen zwei Menschen können unter bestimmten Bedingungen jahrelang aufrechterhalten werden. Doch unter der endlosen Nähe leidet die körperliche Anziehungskraft. Menschen, die ihre

Partnerschaft trotzdem nicht beenden möchten, werben noch einen zweiten Partner hinzu, mit dem sie hauptsächlich den Beischlaf praktizieren. In den seltensten Fällen sind alle Beteiligten mit dieser Lösung einverstanden, weshalb die ganze Aktion mit einer ziemlichen Heimlichtuerei einhergeht. Früher oder später wird das geheime Doppelleben des Partners jedoch enttarnt und führt zu intensiven Diskussionen innerhalb der Primärpartnerschaft. Umfragen zeigen jedoch, dass Männer wie Frauen durchaus bereit sind, einen sogenannten Seitensprung zu verzeihen. Weswegen das Fremdgehen sich nach wie vor großer Beliebtheit erfreut.

Frigidität

Eine Frau, die nicht erregbar ist, nennt man frigide. Ein vergleichbarer Ausdruck für einen Mann, der seine Frau nicht zu erregen vermag, existiert nicht.

G / H

Gleitmittel

Bei Erregung bildet sich Feuchtigkeit in der Scheide einer Frau, eine Art Schmiermittel, essentiell für das Eindringen eines Gliedes. Ist eine Frau jedoch nicht erregt, bildet sich keine Feuchtigkeit. Wer das nicht akzeptieren will, muss Speichel oder eine Tube Gleitgel verwenden. Das Resultat: Geschlechtsverkehr ist auch dann möglich, wenn der Körper der Frau unmissverständlich deutlich gemacht hat, dass er keinerlei Interesse an einer Vereinigung mit einem anderen hat. Gleitgel ist somit ein Symbol für den Triumph des Geistes über den Körper.

Homosexualität

Die Präferenz, sich mit Angehörigen des eigenen Geschlechts zu paaren. Trotz der Tatsache, dass Homosexuelle logischerweise nur allzu gern unter sich bleiben, wenn es um die Ausübung ihrer Sexualität geht, sind viele Heterosexuelle dagegen. Weil … weil halt. Dies wird sich in naher Zukunft jedoch ändern, wenn die Homosexuellen ihr Ziel erreicht haben, jeden lebenden Mann per Analsex zur Schwuchtel umzudrehen.

Hormone

Chemische Verbindungen, die dafür sorgen, dass Frauen Brüste und Männern Bärte wachsen. Oder dafür, dass Männern Brüste und Frauen Bärte wachsen. Je nachdem. Außerdem steuern diese Stoffe unsere Lust. Höfliche Herren schieben ihre Unlust also nicht auf den Bart der Partnerin, sondern auf ihre eigenen mickrigen Testosteronwerte.

I / J

Impotenz

Der Penis des Mannes führt ein Eigenleben. Er empfindet sich selbst als wichtigsten Teil des Körpers, weswegen er ununterbrochen im Mittelpunkt stehen will. Seine Allüren äußern sich in einem kontinuierlichen Hart- und Weichwerden in den unmöglichsten Situationen. In der Schulzeit handelt es sich in den meisten Fällen um unerwünschtes Hartwerden, über 40 ist unerwünschtes Weichbleiben häufiger. Im ersteren Fall spricht man von Potenz, im zweiten von Impotenz. Wenn man überhaupt darüber spricht.

Jungfrau

Wer bis zu dieser Seite vorgedrungen ist und noch immer keinen blassen Schlimmer hat, worum es in diesem Buch überhaupt geht, ist vermutlich Jungfrau. So werden Damen (vereinzelt auch Herren) bezeichnet, die noch nie Geschlechtsverkehr mit einem anderen Menschen hatten. In einigen Kulturen ist die Jungfräulichkeit Voraussetzung für die Eheschließung – in allen übrigen Kulturen verliert die Ehe kontinuierlich an Bedeutung.

K

Kamasutra

Ratgeberliteratur aus Indien, verfasst um 200 bis 300 n. Chr. von Vatsyayana Mallanaga, übersetzt von Captain Sir Richard Francis Burton. Das bei Indern beliebte Werk rund um die Vereinbarkeit von Turnkunst und körperlicher Liebe eroberte im 19. Jahrhundert den britischen Buchmarkt. Seitdem gehört es auch in europäischen Betten zum guten Ton, sich beim Geschlechtsverkehr auf den Kopf zu stellen und umständlich ineinander zu verheddern. Aber auch Alltagsthemen wie das Schmücken eines Blumenwagens, die Kunst, fremdes Eigentum durch Zaubereien oder Mantras zu erwerben, und Oralsex mit Eunuchen kommen nicht zu kurz – und machen das Kamasutra noch heute zu einem unentbehrlichen Standardwerk auf dem internationalen Buchmarkt.

Kondom

Schon relativ früh dachte sich die Menschheit: Man müsste irgendwie so einen Anorak haben, den man sich über den Penis streifen kann. Man wühlte unschlüssig in verschiedenen Schubladen. Teebeutel, Klopapierrollen, Wasserbomben, nichts. »Irgendwie« kam man dann auf die Idee, einen Schafsdarm zu verwenden. Genau genommen tat man es also mit eines Schafes Anus, nur mit einem Menschen drum herum. Für viele das Beste aus zwei Welten, doch sie protestierten nur im Stillen, als beschlossen wurde, Kondome fortan aus Gummi herzustellen. Mittlerweile gibt es jedoch hormonelle Verhütungsmittel (siehe »Antibabypille«), die weitaus populärer sind. Kondome verwendet nur noch, wer Angst hat. Siehe »AIDS«.

Kuscheln

Sanftes Aneinanderschmiegen der Körper, ebenfalls Bestandteil des Vorspiels. Verstärkt die emotionale Bindung zwischen zwei Menschen und vermittelt dem Partner auf nonverbale Weise: »Ich vergewaltige dich nicht.«

Küssen

Aufeinanderpressen der Lippen und Speichelaustausch im Zuge des Vorspiels. Aktivität, die sich aus der gegenseitigen Mund-zu-Mund-Fütterung unter unseren primitiven Vorfahren entwickelt hat. Wissenschaftler glauben mittlerweile, dass des Menschen Unterbewusstsein die während des Küssens entnommene Speichelprobe nach CSI:Miami-Art nutzt, um Informationen über die Fortpflanzungstauglichkeit und die genetische Kompatibilität des Kusspartners zu gewinnen. Romantiker argumentieren: Wo aber kommen dann die behinderten Kinder her?

L

Libido

Das körperliche Equipment allein reicht nicht. Der Mensch muss sich auch paaren wollen, um die nicht enden wollende Fortpflanzung der Spezies zu gewährleisten. Und in den meisten Fällen erfordert es keine große Anstrengung, es zu wollen. Dieser psychischen Sexualenergie, dem Drang, dem Verlangen, der Lust, gab Sigmund Freud den Namen Libido und machte sie für unsere gesamte Zivilisation verantwortlich. Dieses Buch beispielsweise trieft nur so vor sexuell unverarbeiteter Energie. Energie, die während des Lesens auf Sie übergeht und Ihnen zur freien Verfügung steht.

Lubrikation

Bezeichnung für das Feuchtwerden der Scheide bei sexueller Erregung der Frau. Es ist das deutlichste Zeichen dafür, dass ihr Körper nun bereit ist, einen Penis in sich aufzunehmen. Wohlgemerkt: ihr Körper. Studien haben gezeigt, dass Frauen selbst Anzeichen der körperlichen Erregung aufweisen, wenn sie Affen beim Sex beobachten, doch gleichzeitig angaben, nicht die geringste Lust zu verspüren. Genauso wie Frauen weinen, wenn sie glücklich sind. Oder bluten, wenn sie unverletzt sind. Die Absonderung von Sekreten des weiblichen Körpers folgt keinerlei logischen Gesetzmäßigkeiten. Wer juristisch auf der sicheren Seite sein will, sollte sicherheitshalber eine schriftliche Einverständniserklärung einholen.

M

Mikropenis

Männliches Geschlechtsteil, das weniger als 2,5 Zentimeter misst. Bevor Sie weiterlesen, legen Sie eine Gedenkminute für alle Betroffenen ein. He! Ohne zu lachen!

MILF

Akronym, zusammengesetzt aus den Worten *»Mother I'd like to Fuck«*, eine Bezeichnung für Frauen, die von ihrer Gebärfähigkeit bereits regen Gebrauch gemacht haben. Wer eine Dame als MILF bezeichnet, drückt damit den Wunsch aus, mit ihr intim zu werden, aber gleichzeitig auch die Annahme, ihr Lebensabend stünde unmittelbar bevor, weswegen das Wort MILF klar in die Kategorie der zweifelhaften Komplimente einzuordnen ist.

Missionarsstellung

Die bekannteste Stellung während des Geschlechtsverkehrs: Die Frau wirft sich auf den Rücken, der Mann stapelt sich darüber und dringt in sie ein. Diese Position gehört unter Frauen zu den beliebtesten, unter Männern zu den unbeliebtesten. Und zwar aus exakt demselben Grund: Der Mann kann während des Akts weder die Brüste noch das Gesäß der Frau betrachten.

N

Nachspiel

Nachdem beide Partner ihren Höhepunkt erlebt haben, gibt es nichts mehr zu tun. Das Ziel wurde erreicht. Eine Zeit der Übersprungshandlungen. Geistesabwesend betrachtet man die erschlaffende Erektion, tastet nach Pfützen, deckt sie provisorisch mit Toilettenpapier ab. Man zündet sich eine Zigarette an. Sagt: »Wie war es für dich?« und andere Unsinnigkeiten. Einschlafen läge nahe, widerspricht jedoch der gängigen Etikette. Die einzig akzeptable Weise, diesem postkoitalen Guantánamo zu entfliehen, besteht zweifellos aus einer Partie Malefiz.

NS

Abkürzung für Nationalsozialismus. Oder Natursekt (ein Ausdruck für Urin). Die Doppelbedeutung sorgt immer wieder für Verwirrung, gerade wenn in den Medien von einer NS-Vergangenheit die Rede ist. Um Befriedigung in jedem Fall zu erlangen, begeistern sich Natursekt-Liebhaber auch für Nationalsozialismus und andersherum. Adolf Hitler selbst soll ein Faible für den Urin seiner Nichte Geli Raubal gehabt haben.

Nymphomanie

Verlangen von Frauen nach überdurchschnittlich viel Geschlechtsverkehr. An dieser Stelle sucht die spitzfindige Spürnase die Konfrontation und fragt in die Runde »Was ist darunter zu verstehen – überdurchschnittlich viel Geschlechtsverkehr?«, bereit, jeden öffentlich zu denunzieren, der darauf eine deutliche Antwort zu geben bereit ist. Daher nur so viel: Reihenweise Informationsmaterial zu diesem Thema erwartet Sie in den hinteren Räumen Ihrer Videothek.

0

Onanie

Die Bezeichnung für Selbstbefriedigung geht auf die Geschichte Onans in der Bibel zurück, der an der Frau seines Bruders einen Koitus interruptus verrichtete und von Gott getötet wurde. Und weil Selbstbefriediger im Prinzip nichts anderes tun, nur mit ihrer Hand und ohne Frau und ohne Koitus und ohne interruptus, lag es nahe, diese Tätigkeit fortan nach Onan zu benennen. Auch um ein für allemal klarzustellen, dass jeder, der sich selbst befriedigt, sterben muss.

One-Night-Stand

Der One-Night-Stand verbindet völlige Unverbindlichkeit mit der größtmöglichen körperlichen Intimität. Es ist wie mit dem Kommunismus: theoretisch eine gute Idee. Und in der Praxis kann man es auch mal ausprobieren, gern auch immer wieder, aber danach wird man von geistig verwirrten Menschen belästigt, die sich in ihrer neu gewonnenen Freiheit gefangen fühlen, die menschliche Wärme der alten Zeiten vermissen, und man lacht sie aus für ihre dummen Gefühle, doch so richtig wohl fühlt man sich dabei nicht. Wenn man Glück hat. Wenn man Pech hat, ist man einer von den anderen.

Orgie

Wenn sich mehrere Menschen an einem Platz zusammenfinden, steckt dahinter meist ein Parteitag, ein Weihnachtsmarkt oder die rituelle Anbetung Satans. Doch es gibt auch lebensbejahende Umstände, unter denen derartige Versammlungen stattfinden: Manchmal sieht die Tagesordnung Geschlechtsverkehr mit wechselnden Partnern vor. Stehen auf der Anwesenheitsliste mehr als zwei Namen, kann es zum Gruppensex kommen. Voraussetzungen für die Teilnahme an einer Orgie sind: eine flexible Auffassung von Eifersucht und Besitzdenken sowie Treue und Monogamie, ein ansprechendes Styling, das körperliche Liebe garantiert und Gelächter vermeidet, und ein finanzieller Spielraum, der es einem ermöglicht, die horrenden Preise für Eintritt, Getränke, Kondome und Kleenex zu zahlen.

P

Pädophilie

Sexuelles Interesse, das auf Minderjährige ausgerichtet ist, die noch nicht die Pubertät erreicht haben. Der Großteil der Pädophilen ist selbst noch minderjährig. Vorfälle wie das Küssen auf den Mund oder gegenseitiges Vorführen und Berühren der Genitalien kommen teilweise schon unter Vierjährigen vor! Aufgrund der laschen Gesetzeslage im Jugendrecht kommen diese Schweine in den meisten Fällen ungeschoren davon.

Q

Quickie

Bezeichnung für eine besonders zeitsparende Variante des Geschlechtsverkehrs. Abgekürzt wird das Vor- und Nachspiel, ersatzlos gestrichen die Phase, in der der Mann seinen eigenen Orgasmus immer wieder durch Schreckensbilder aus dem Vietnamkrieg hinauszögert. Der Befriedigungsgrad für den Mann ist dementsprechend hoch. Da Frauen erfahrungsgemäß jedoch einige Zeit brauchen, um ihre ständig vorherrschenden Schreckensbilder aus dem dreckigen Badezimmer aus ihrem Gehirn zu verbannen, sind Quickies für sie weitaus weniger befriedigend.

R

Real Doll

Menschenart, die zu einem dreistelligen Prozentsatz aus anorganischem Material besteht. Zu ihren Eigenschaften zählen körperliche Attraktivität, Schweigsamkeit und eine hohe Bereitschaft, die sexuellen Wünsche des Partners zu erfüllen, vorausgesetzt, der Partner führt alle aktiven Bewegungen aus. Die Kosten für eine Real Doll betragen ca. 6000 Dollar. Verbrauchertipp: Billige Konkurrenzprodukte, wie organische Nachbildungen aus Osteuropa, mögen zwar ähnliche Eigenschaften haben und im Anschaffungspreis günstiger sein, doch schlagen sie über die Jahre mit weitaus höheren Instandhaltungskosten zu Buche.

Reiterstellung

Durch den Reitsport inspirierte Stellung, in der der penetrierende Partner sich auf den Rücken legt und der Penetrierte sich im Reitersitz auf dem Penis platziert. Dann hüpft er auf und ab wie auf dem Rücken eines Ponys. Unnütz zu erwähnen, dass diese Stellung besonders beliebt bei Frauen ist. Um die Erfahrung zu intensivieren, können Stiefel, Zaumzeug und Salzlecksteine ins Liebesspiel integriert werden.

Rollenspiele

Methode, mit der man den Partner in einen anderen Menschen verwandeln kann, mit dem man lieber Sex hätte. Bedauerlicherweise stellen die gängigsten Kostüme grobe Stereotypen wie das Schulmädchen oder den

Oberarzt dar. Wer eine andere Fantasie hat, dem bleibt bekanntlich nur die Möglichkeit, einen Ganzkörperanzug im Copyshop mit den einzelnen aus Zeitschriftenfotos vergrößerten Körperteilen von George Clooney bedrucken zu lassen und den Partner darin einzuschnüren, sobald das Chloroform Wirkung zeigt.

S

Schwangerschaft

Der Sexualtrieb des Menschen existiert nur aus einem Grund: der Fortpflanzung. Aus der Samenzelle des Mannes und der Eizelle der Frau entsteht im Verschmelzungsverfahren ein brandneuer Mensch, der im Inneren der Frau heranwächst und nach neun Monaten schlüpft. Die Zeit dazwischen nennt man Schwangerschaft. Währenddessen ist Geschlechtsverkehr möglich, wird vom Embryo im Mutterleib jedoch als superscary empfunden.

Squirting

Bezeichnung für die weibliche Ejakulation, die bei rund einem Drittel aller Frauen in unregelmäßigen Abständen auftritt. Anders als immer wieder angenommen, handelt es sich dabei nicht um Urin, sondern um ein Sekret, das dem der männlichen Prostata ähnelt. Der Überraschungseffekt ist vergleichbar mit dem einer Spritzblume im Knopfloch eines Clowns, weswegen die weibliche Ejakulation in fast jedem Jahr zur ulkigsten Körperfunktion gewählt wird. Nur 1992 und 2005 machte Pupsen das Rennen.

Strap-on

Ein weiterer Begriff aus dem Kosmos des Sigmund Freud: Penisneid. Freud geht davon aus, dass Frauen Männer unbewusst um ihren Phallus beneiden. Mittlerweile sind sich Frauen ihres Penisneides jedoch längst bewusst. Warum sonst existierten Dildos zum Umschnallen? Lesben und andere penetrationsfreudige Damen werden mit Hilfe eines Strap-on stolze Besitzerinnen eines majestätischen Gemächts. Umschnalldildos geben ihnen die Möglichkeit, aus einer Welt zu fliehen, in der sie als passives Geschlecht dahinvegetieren müssen. Insofern spielt der Strap-on eine bedeutende Rolle in der Befreiung der Frauen aus ihrer patriarchalischen Unterdrückung.

T

Telefonsex

Masturbation während eines Telefongesprächs unter Einsatz von Dirty Talk. Erfordert ein Höchstmaß an Fantasie, denn die Praktik gilt als gescheitert, wenn man auf ein »Ich gleite mit meinen Händen langsam über Ihren Körper, erforsche mit meinen Lippen Ihre sinnlichen Kurven ...« antwortet: »Tun Sie nicht. Sie stehen allein mit heruntergelassenen Hosen in einem abgedunkelten Studentenwohnheimzimmer in Greifswald und massieren Ihre Semi-Erektion. Ist es nicht so?«

U

Unfruchtbarkeit

Die Unfähigkeit, sich selbst fortzupflanzen. Nachteil: Das Leben ist sinn-los. Vorteil: Das Gefühl der Sinnlosigkeit kann mit kontinuierlichem ungeschütztem Geschlechtsverkehr kompensiert werden.

V

Vagina

Schlauch, der während des Geschlechtsverkehrs Spermien aus dem Penis aufnimmt und sie als Menschen wieder ausscheidet. Der Begriff Vulva umschreibt dagegen die äußerlichen Merkmale des weiblichen Geschlechts. Die Bezeichnung für das gesamte Arrangement lautet Frau.

Verhütung

Die Lehre von der Verhinderung (»Ver«) der Schwangerschaft (»Hü-tung«). Um sich vom Fortpflanzungszwang zu befreien und seine Lust von regelmäßigen Unterhaltszahlungen zu entkoppeln, hat der Mensch verschiedene Methoden entwickelt, die mehr oder weniger gut funk-tionieren. Auch Verhütungsmethoden, die nicht so gut funktionieren, werden Verhütungsmethoden genannt. Weiterführende Informationen: Siehe »Antibabypille« oder »Kondom«.

Viagra

Verschreibungspflichtiges Medikament, das »eine Mega-Erektion allererster Kajüte« (Beipackzettel) hervorruft und sich in den letzten Jahren als Alternative zu Nashornpulver, Haifischflosse und Oktopusurin durchgesetzt hat. Der Wirkstoff Sildenafil entspannt die Muskulatur der Blutgefäße, die Penisarterien weiten sich, Blut fließt in den Schwellkörper, und es kommt zur Erektion. Dieser Vorgang dauert 30 bis 60 Minuten – die durchschnittliche Zeitspanne, die Mediziner in einer langjährigen, durch Staatsgelder finanzierten Studie für die Bestellung, Anfahrt und Entkleidung von Prostituierten berechnet haben.

Vibrator

Mit Elektromotor betriebenes Gerät, das zur Massage der Genitalien eingesetzt wird. Ursprünglich gegen die Hysterie des Weibes entwickelt, hat es sich heute als zuverlässiges Mittel gegen die Hysterie des Weibes entwickelt. Viele Vibratoren ähneln in ihrer Form einem männlichen Geschlechtsorgan. Und theoretisch hat der Vibrator einem Mann einiges voraus (Vibration, Geruchlosigkeit, Anmutung eines niedlichen Delfins), doch wird er die Präsenz eines echten Mannes nie komplett ersetzen können. Andererseits wird auch ein Mann die Präsenz eines Vibrators nie komplett ersetzen können.

Vorhaut

Eichelkapuze, die sich über den vorderen Teil des Penis stülpt, um ihn vor schmerzhafter Fremdeinwirkung zu schützen. Juden und Moslems haben in einer Langzeitstudie die Nutzlosigkeit der Vorhaut bewiesen und engagieren sich gemeinsam für die Beschneidung des überflüssigen Hautlappens. Aus gutem Grund: Der Penis ist ohne Vorhaut weniger empfindlich, einfacher sauber zu halten, windschnittiger, und auch die Chancen, sich beim Verkehr mit HIV zu infizieren, sinken. Doch Männer mit christlich geprägtem Hintergrund zögern zumeist, die unerträglichen

Schmerzen und den hohen Blutverlust zu ertragen, die erfahrungsgemäß mit dem Abhacken eines völlig gesunden Köperteils einhergehen.

Xenophilie

Das Gegenteil von Xenophobie, dem Fachausdruck für Fremdenhass. Anstatt Ausländer auf offener Straße zu verfolgen und dann mit Baseball-schlägern niederzuknüppeln, verfolgen Xenophile Ausländer auf offener Straße, um sie zu sexuellen Handlungen zu bewegen. Unter Migranten ist die Furcht vor Xenophoben und Xenophilen demnach gleichermaßen ausgeprägt.

Yoni

Die Yoni ist im Hinduismus das Symbol für die göttliche schöpferische Energie der Frau. Hierzulande dient der Begriff als esoterisch-verschwur-beltes Synonym für den weiblichen Intimbereich, von dem besonders auf Selbstfindungsseminaren und in Tantra-Studios reger Gebrauch gemacht wird, um der dort praktizierten Rammelei den Anschein einer spirituellen Relevanz zu verleihen.

Z

Zölibat

Freiwilliges Versprechen, ein Leben lang unverheiratet zu bleiben, das offiziell auch die sexuelle Abstinenz mit einschließt; nicht zu verwechseln mit Asexualität. Menschen, die sich für das Zölibat entscheiden, tun dies aus ideologischen Gründen, zu denen Homosexualität, Pädophilie, massive Unattraktivität oder die krankhafte Eifersucht Gottes gehören.

Zyklus

Vorgang im Körper der Frau, der über ihr Wohlbefinden und ihre Fortpflanzungsfähigkeit bestimmt. Innerhalb von 28 Tagen werden willkürlich Hormone verschiedenster Art ausgeschüttet, Follikel, Gebärmutterschleimhäute und Gelbkörper gebildet. Das rege Treiben im weiblichen Unterleib steht in engem Zusammenhang mit der Zeugung eines Kindes, da sich die Vorgänge verändern, je nachdem, ob eine Befruchtung stattgefunden hat oder nicht. Findet keine statt, wird die Frau ungehalten und blutet die Couchgarnitur voll. Vereint sich ihre Eizelle jedoch mit einem Spermium, nimmt sie deutlich an Leibesfülle zu und presst nach neun Monaten eine kleinere Version ihrer selbst zwischen den Beinen hervor. Danach beginnt der Zyklus wieder von vorn.

14

ANZEICHEN

DAFÜR, DASS SIE

GUT

IM BETT SIND

1

Exfreundinnen schlagen Ihnen nach der Trennung vor, man könne ja gute Sexualpartner bleiben.

2

Ihr Partner hat heimlich keine andere.

3

Sie bekommen Beschwerden wegen nächtlicher Ruhestörung von Nachbarn, die in einem anderen Postleitzahlenbereich wohnen.

4

Ihre Exfreundinnen nennen Sie »Die Zunge«.

5

Wenn Sie die Wahl zwischen Selbstbefriedigung und Geschlechtsverkehr haben, entscheiden Sie sich für Selbstbefriedigung.

7

Sie halten die
Geschichte vom
»unerigierten Penis«
für eine urbane
Legende.

8

Prostituierte
geben Ihnen danach
nicht nur das
Geld zurück – sie
verdoppeln.

6

Ihre Partnerin
muss ihren Orgasmus
hinauszögern.

9

Dank Ihnen
weiß Ihre
Sexualkundelehrerin,
wo ihr G-Punkt
liegt.

10

Es gibt einen Fetisch,
der die sexuelle Ausrichtung auf Sie beschreibt.

12

*Ihr Partner überklebt
die Gesichter der Frauen im PLAYBOY
heimlich mit Ihrem Foto.*

11

13

*Sie sind
schwul und
heißen
Christopher Street.*

*Ihre Freundin leidet unter chronischer
vaginaler Feuchtheit.*

14

*Sie haben ein Buch gelesen,
das »Die feine Art des Vögelns« heißt.*

SHOUT OUTS

♥

DANKE

Frank Kelly Rich.
Ohne ihn gäbe es dieses Buch nicht. Das gleiche gilt für die Masterminds
dieses Projekts, *Tom Kraushaar* und *Michael Gaeb.*

Insgesamt sehr förderlich waren auch *Herr Teske*
und *Herr Porsch, Uwe Killing, Tobias Schönpflug, Florian Boitin, Florian
Tausch, Eske Wright* und viele andere liebe Kollegen.

Torben, Felix, Nathan, Alex, Poi, Matthias, Derya und *Marko* –
ohne euch hätte ich dieses Buch nicht schreiben können.
Das gilt auch für die Synonymfunktion von woerterbuch.info.
Was sag ich: das gesamte Internetz!

Danke auch an *Mama* und *Papa*, die einen schweinischen
Witz jederzeit zu schätzen wissen.

Ganz besonderer Dank gilt denen, die in der letzten Zeit meine
Hand gehalten haben – allen voran *Anna Peter, Tanja Schöne,
Anke Querengäßer, Jan-Henning Preussler, Nora Laging,
Katrin von Kotze, Sascha Carl* –, und allen, die sich die Zeit nehmen,
zu lesen, was ich geschrieben habe.
Das ist das Größte!